KB119821

카이스트
명상 수업

| 일러두기 |

- 이 책에서 소개하는 명상의 원리는 마음수련 명상에 기반해 있습니다.
- 수업 후기를 들려준 카이스트 학생들의 이름은 동의를 받아 실명 또는 가명으로 넣었고, 코세라 온라인 수업을 수강한 외국 학생들의 이름은 이니셜로 표기했습니다.

카이스트 명상 수업

카이스트 학생들의 마음을
재건해준 명강의

이덕주 지음

위즈덤하우스

다시 수업을 시작하는 이유

카이스트는 1988년에 부임해 30여 년을 몸담았던 학교다. 나는 정년을 준비하고 있었다. 2019년 7월에 출판사로부터 메일을 받았다. '카이스트 명상 수업'에 관한 책을 냈으면 좋겠다는 것이다. 많이 망설여졌다. 학생들에게 명상을 가르치긴 했지만 책을 낼 정도는 아니라고 생각했다. 그해 12월 코로나19가 시작되었고, 다음 해 3월에 코로나19 팬데믹이 선언되었다. 누구도 이렇게까지 장기간 지속될 줄은 몰랐다. 비대면 시대가 되었고, 세계 전체가 동시에 큰 사회적 변화를 경험하게 되었다.

이 상황이 사람들에게 어떤 의미를 지니는지를 피부로 느끼게 된 일이 있었다. 온라인 교육기관 코세라Coursera에 개설한 강의, '명상, 내 인생의 목적을 이루는 방법Meditation: A way to achieve your goals in your life'의 조회 수가 급증한 것이다. 전 세계의 많은 젊은이가 정신적 위기를 느끼고 있으며, 황급히 길을 찾고 있다는 느낌이었다. 10여년 전 카이스트의 그날도 지금처럼 절박했다.

2011년, 카이스트 학생들은 연이어 극단적인 선택을 했다. 이 사건은 '명상을 하는 나'를 돌아보게 했다. 내가 무엇을 위해 명상을 하고 있는지 근본적인 질문을 하게 만들었다. 나 하나 행복하게 살자고 명상을 한 게 아니라는 생각이 들었다. 나도 한때 죽고 싶을 만큼 힘들었고 인생의 바닥까지 가본 사람이었다. 아무리 힘든 조건이라도 마음 하나 바꿔 먹으면 해결된다는 것을 경험했고, 현실적인 어려움이 있다고 해서 꼭 마음의 고통을 겪는 건 아니라는 사실도 너무나 잘 알게 되었다.

마음이 건강하면 어떤 조건에서도 행복하게 살 수 있고, 각자의 뛰어난 재능을 발휘하며 살 수 있다. 그 길이 있다고 학생들에게 알려주고 싶었다.

그래서 카이스트에서 명상 수업을 하게 되었다. '지금이 내 인생의 터닝 포인트!'라는 인성교육 과목을 개설한 것이다. 카이스트에서 명상 수업이 진행된 건 2011년 가을 학기와 2012년 봄 학기 그리고 2018년 교양과목으로 총 세 학기였다. 그때 수업을 듣던 학생들이 생각났다. 짧은 수업이었지만 너무나 진지했던 수업 후기와 명상을 조금 더 할 수 있기를 바랐던 아쉬움이 새록새록 떠올랐다. 글을 찾기 위해 컴퓨터도 복원하고 메일 시스템도 복원했다.

학생들의 메일을 하나하나 찾아 읽어 보았다. 나처럼 건조한 사람이 눈물도 나고 웃음도 났다. 다시 만난 학생들과의 시간이 행복했다. 메일에는 이구동성으로 자기를 돌아보는 시간이 너무 짧았다고 쓰여 있었다. 학생들에게는 자기성찰의 터닝 포인트가 되었음이 분명했다. 그러나 더 이상 도와주지 못하고 끝나버렸다.

나는 용기를 냈다. 도움이 필요한 사람이 있다면 누구라도 도움을 받을 수 있도록 글을 써야겠다고 다짐했다. 당시 카이스트에서 진행했던 수업 내용과 2015년부터 현재까지 온라인에서 재생되고 있는 코세라 강의를 재구성해서 세상에 내놓기로 했다. 글을 쓴다는 것이 쉽지는 않았다. 그러나 당시 학생들이 명상을 통해 자기 자신을 처음으로 만나게 되었듯이 그리고 진심 어린 의견을 나에게 주었듯이, 나도 내 자신을 다시 돌아보고 솔직하기로 마음먹었다. 내 생애를 통틀어 이렇게 솔직하게 털어놓기는 처음이다. 마음수련 명상은 내 개인의 삶을 변화시켰을 뿐만 아니라, 학자로서 어떤 마음으로 무엇을 해야 하는지 방향과 목표를 정립해주었다. 그리고 공학자인 내가 카이스트와 코세라에서 명상 수업을 할 수 있게 해주었다.

원래 나는 항공우주공학에서도 회전익(예: 헬리콥터)이라는 분야를 오랫동안 가르쳐왔다. 그리고 헬리콥터와 항공기 제트 소음을 다루는 공력음향학을 연구했다. 이 분야를 꾸준히 연구할 수 있게 해주신 선배 교수님들과 카이스트에 너무나 감사하고, 제자들에게도 감사의 말을 전한다.

정년을 한 지금은 인성교육에서부터 드론 연구, 재난 예방에 이르기까지 연구 분야와 활동에서 어찌 보면 가장 왕성하고 보람찬 시기를 보내고 있다. 그리고 '카이스트 호민관'으로 지내면서 카이스트 구성원이 조금이라도 행복해지기를 바라고 있다.

나를 성찰하는 것은 즐겁고 행복한 일이다. 있는 그대로의 나 자신을 받아들이고 내려놓으며 하나하나 달라지는 기쁨은 어디에도 비교할 수 없다. 그렇게 몰랐던 나를 돌아볼수록 나는 자유로워진다. 행복은 밖에서 구하는 것이 아니라 내 안에 있다는 평범한 이치를 깨닫게 된다.

중요한 것은 인간의 근본을 아는 것이다. 그럴 때 지혜가 생기고 잘 살 수 있다. 그러니 좌절하지 마라. 한 번밖에 없는 인생이다. 불행하게 살려고 태어난 사람은 아무도 없다. 누구나 행복하게 살 수 있고, 분명히 길은 있다. 그러나 길은 그 길을 걸어가는 사람에게만 의미가 있다. 누구나 명상을 통해 그런 삶을 살 수 있기를 바라며, 스스로에게 승리하는 스승이 되길 간절하게 바란다.

◆ 차례 ◆

1부

내 삶의
터닝 포인트가 된
카이스트 명상 수업

카이스트 사태와 성찰

◆ '대한민국 영재'라 불리던 이들에게 일어난 비극

2011년은 카이스트가 40주년이 되던 해였다. 그해 1월, 이른바 '카이스트 사태'가 발생했다. 한 해에 무려 네 명의 학생과 한 명의 전도유망한 젊은 교수가 연이어 극단적인 선택을 한 것이다. 학생과 교수, 교직원 모두 충격에 휩싸인 채 어디에서부터 이 비극의 해법을 찾아나가야 할지 불안 속에서 헤매고 있었다. 또 어떤 일이 일어날지, 그 후엔 어떻게 될지 암담했다.

"힘든 일이 있어도 고민을 나눌 여유조차 없어 학교에서 행복하지 않다…."

학내에는 재학생이 손글씨로 쓴 대자보가 붙었다. '행복하지 않다'라는 그 문구가 내내 마음에 남았다. 이제 대학교 1학년인데 학업을 따라가지 못한다고 생을 마감하다니, 안타깝기 그지없었다. 그날 이후 제자 중 누구라도 며칠 안 보이면 덜컥 걱정부터 되었다.

학교에서는 비상대책위원회가 꾸려졌고, 대책마련공청회도 서둘러 열렸다. 그러다 4월 7일, 네 번째 비극이 일어났다. 학교 측에서는 3일 뒤인 월요일과 화요일에 학교 수업을 전면 중단했다. 학생들이 원하는 것이 무엇인지, 학과별로 모여 학생들의 이야기를 직접 들었다. 또 전교생과 교수, 교직원이 모두 대강당에 모여 대화의 시간을 갖기도 했다. 개교 이래 수업을 중단한 것은 처음 있는 일이었다. 그만큼 사안이 중대했고 시급했다.

이전부터 학교의 파격적인 정책을 두고 찬반양론이 격했다. 학점에 따라 등록금을 부과하고, 영어로만 수업을 진행하는 제도에 대해 교수는 교수대로, 학생들은 학생들대로 힘들어했다. 정책의 장단점을 떠나, 시행 과정에서 힘들어하는 학생과 교수가 있었다. 문제가 점점 깊어지고 있는 것을 모두가 제대로 인식하지 못하고 있었던 것 같다.

카이스트는 설립된 이후 최대의 위기를 겪고 있었다. 카이스트는 1971년 '산업의 중추가 되는 고급 인력 양성'이라는 정부 의지에 따라 설립되었다. 우수한 두뇌들이 몰려들었고, 그 후 많은 졸업생이 대한민국 산업의 근간을 이루는 데 기여한 것도 사실이다. 1990년도

초, 정부의 강력한 수도 이전 계획과 함께 대전으로 내려온 카이스트는 한국의 실리콘밸리를 꿈꾸었다.

그러나 정부의 수도 이전 시책 변경으로 카이스트는 점점 정부의 혜택으로부터 멀어져갔다. 학교의 명성도 예전 같지 않았다. 게다가 IMF 경제위기로 이공계 실직 사태는 이공계 대학 지원율마저 저조하게 만들었다. 당연히 카이스트에도 영향을 미쳤다. 이공계 기피 현상이 뚜렷해지면서 학교로서는 이런 상황을 돌파하고자 강도 높은 '개혁 정책'을 시작했다. 국제화 시대에 대비해 모든 과목을 영어로 수업하고, 성적이 일정 수준 미달되면 등록금 지원 장학금도 제한하기로 한 것이다. 이른바 '징벌적 등록금' 제도였다.

전체 과목을 영어로 강의하게 되면서 한국사도 영어로, 철학도 영어로, 심지어 국문학도 영어로 수업하는 방침이 세워졌다. 영어권이 아닌 곳에서 학위를 받은 교수님들은 아주 힘들어했고, 한 국문과 교수님은 국문학을 어떻게 영어로 가르치느냐며 눈물을 흘렸다. 국문학과 한국사 등을 제외하고 제도가 시행되자, 상황을 받아들이는 분위기였지만 그 후로도 교수와 학생, 외부에서도 반대의 목소리가 끊이지 않았다. 이런 갈등을 겪는 와중에 학생들의 극단적인 선택이 이어졌고, 같은 시기에 정부의 감사까지 강도 높게 진행되면서 교수들도 매우 힘들어했다.

♦ 생각하지 못했던 학생들의 요청

학과별로 전 학생과 교수가 모였을 때, 가장 쟁점이 된 것은 '영어 수업 완화와 장학금의 성적 연계 철회'였다. 그러나 항공우주공학과에서는 다른 의견이 나왔다. 당시 학과장을 맡았던 나는 우리 과 대학원생 200여 명, 학부생 100여 명과 교수님들을 공동강의실에서 만났다. 그리고 허심탄회한 이야기를 들었다.

"자살 방지 교육과 인성교육을 해주십시오."

학부생들 대다수가 이러한 요구를 했다. 근본적인 대책을 원하는 학생들의 요구는 절박했다. 사실 학생들이 이런 요구를 하리라고는 예측하지 못했다. 당시 이슈로 드러난 쟁점이 아니었기 때문이다. 그래서 더 충격적이었다.

위기를 느낀 학교 측은 캠퍼스 안에 학생들의 우울증을 상담하고 치료해주는 스트레스 클리닉센터를 강화했고, 학생 상담센터의 상담 인력도 대폭 늘렸다. 입학 후 학업을 잘 따라갈 수 있도록 연결해주는 '브리지 프로그램'도 만들었다. 비상 연락을 취할 수 있는 전화기도 캠퍼스 곳곳에 설치했다. 심지어 강의동에 빵집도 생기고 건물마다 카페도 들어오게 했다. 모두 학생들의 심신 안정을 위한 노력이었다. 그러나 마음을 보살필 수 있는 더 적극적인 프로그램이 필요했던 것 같다. 전원이 기숙사 생활을 하면서 공부만 해온 학생들에게는 너무나 절실한 요구였다. 하지만 갑자기 어떻게 인성교육을 할 수 있을까, 학생들의 요구를 어떻게 프로그램으로 연계할 수 있을까, 참으로 난감하고 막막했다.

그때부터 어떻게든 돌파구를 찾아보려고 뛰어다녔다. 학과장으로서 인성교육을 할 수 있는 기반이라도 만들어주는 게 내 역할이라고 생각했다. 학생들의 요구를 담은 보고서를 제출하고 학교 내 상담센터, 스트레스 클리닉, 리더십센터를 하나하나 방문했다. 학생생활 담당자, 철학과 교수님 등을 찾아다니며 의견을 듣고 도움을 청했다. 다른 학과에서처럼 외부 강사를 초빙해 세미나도 하고 학생들과 공감대를 형성하기도 했지만 일회성이라는 한계가 있었다.

상담센터 담당자를 찾아갔을 때 담당자는 '센터에 찾아오는 학생들은 그래도 나은 편이다. 상담실에 찾아오지 않는 경우가 더 많다'는 이야기를 들려주었다. 그때 인성교육을 아예 과목으로 만들면 어떨까 하는 생각을 하게 되었다. 학생들이 신청하기도 쉽고, 그러다 보면 학교 분위기도 바뀌고 급한 숨통이라도 틔워줄 수 있을 것 같았다. 그러나 담당 교수님 섭외가 난감했다. 인문사회 관련 학과에서 과목으로 개설해야 하지 않을까, 어느 과에서 해야 할까 고민하고 있을 때 리더십센터 관계자가 조언을 해주었다.

"교수님이 명상을 하셨으니 직접 가르쳐보세요."

명상의 효과는 분명히 알고 있었지만, 개인적으로 한 것이니 내가 나서서 직접 수업을 하기에는 부족하다고 생각했다. 그래도 이런 때에 학생들이 자기를 돌아보는 명상을 할 수 있다면 이보다 더 좋은 인성교육이 없으리라는 확신은 있었다. 무슨 말이 더 필요할까, 지푸라기라도 잡고 싶을 젊은이들에게 명상은 분명 튼튼한 동아줄이 되어줄 텐데! 생각이 여기에 미치자 내가 나서서 과목을 개설하기로 마음먹게 되었다.

그렇게 2011년 카이스트 사태는 나에게 인성교육을 하는 공학자가 되게 했다. 시작은 학생들을 돕고자 한 것이었지만, 그 과정은 오히려 나를 더욱 깊이 돌아보게 하는 계기가 되었다. 당시 나는 오랫동안 해오던 명상을 좀 게을리하고 있었다. 명상을 하면서 폐소공포증이라는 트라우마에서도 벗어났고, 편안함과 여유도 되찾을 수 있었다. 평생의 벗처럼 함께하리라 생각하며, 명상을 내 삶의 중요한 부분으로 삼았지만, 어느새 편안한 자기 속에 안주하고 있었다.

더욱이 카이스트 사태가 발생했을 때, 학생들이 오랫동안 느껴왔을 고통에는 크게 공감하지 못했던 것 같다. 나 때와는 다른 요즘 아이들의 나약함 때문으로 치부해버리려는 기성세대의 자기변명도 잠시 했던 것 같다. 우리 과 학생은 괜찮은지 걱정도 되었지만 그것조차도 내 식구를 챙기는 자기중심적이고 이기적인 모습이었다는 생각이 들었다. 명상 수업을 준비하며, 또 그 수업을 학생들과 함께하며 나 또한 나 자신을 깊이 돌아보게 되었다. 그리고 그 과정에서, 다시 한 번 나의 마음가짐을 되새기게 하는 일이 있었다.

♦ 더는 지체할 수 없었다

그해 1월 처음으로 극단적인 선택을 했던 학생은 '로봇 영재'로 불리던 학생이었다. 이 학생이 '마음수련 대학생 명상캠프'에 신청하고서도 참가하지 않은 채, 세상과 작별했다는 것을 나중에 우연히 알게 되었다. 그때의 안타까운 심정은 이루 말할 수 없었다. 그 학생은 실업계 고교생으로는 처음으로 고등학교 재학 중 입학사정관제 전형으로 카이스트에 합격해 주위를 놀라게 했었다. 초등학교 때부터 로봇 관련 각종 국내외 상을 휩쓸었고, 고등학교 때는 국제로봇올림피아드 세계대회 3위를 차지해 기대를 한 몸에 받았다. 당시 응시생들에게 3일 연속 심층면접 인터뷰가 진행되었을 때 나도 면접관으로 참여했다. 학교 측은 가능성 있는 인재를 '러프 다이아몬드'라 불렀고, 그 학생은 장래에 빛을 발할 대표적인 '러프 다이아몬드'였다.

그 학생은 당시에 워낙 화제였기 때문에 인터뷰도 많이 했다. 한 인터뷰에서 자신의 꿈은 영화 〈아이언맨〉에 나오는 진짜 로봇을 만드는 것이라고 했던 기억이 난다. "마징가 Z, 메칸더 V를 실제로 보게 될 겁니다"라며 패기 넘치던 학생이었다. 하지만 입학 후 얼마 지나지 않고서부터 수업을 따라가기 힘들어했고, 성적 문제로 무척 괴로워했다고 한다. 괴로움에서 벗어나려고 안간힘을 쓰며 명상을 해보려 했다는 사실을 나중에 알게 되었다. 나는 내가 이 명상 수업에 최선을 다해야 할 또 하나의 이유를 깨닫게 되었다. 얼마나 도움의 손길을 기다렸을까. 자기를 제대로 돌아보기만 했어도 얼마든지 그 상황을 극복했을 텐데, 안타깝기 이를 데 없었다. 더는 미룰 수가 없었다.

가을 학기 과목 개설을 신청하는 마지막 날, 나는 3학점 특강으로 교과목을 신청했다. 특강 제목은 '지금이 내 인생의 터닝 포인트!'였다. 이 수업은 학생들뿐 아니라, 나에게도 인생의 터닝 포인트가 되었다.

수업을 거듭할 때마다 특히 해외 대학에서 관심을 보인 것은 의외였다. 해외의 경우 우리보다 인성교육이 체계적이고 보편적이라고 생각했기 때문이다. 외국 대학에 전공 관련 세미나에 초청받아 갈 때면 늘 그곳의 인성교육에 관해 한 수 배우고 싶었다. 그래서 내가 많은 것을 묻곤 하지만 오히려 카이스트 명상 수업에 대해 알려주는 때가 더 많았다. 외국 대학들은 우리보다 사정이 나을 것 같지만, 인성교육은 어디에서든 쉽지 않은 것 같다.

이 시대를 살아가는 청춘 그 누구나 언젠가 찬란하게 빛나는 다이아몬드가 될 '러프 다이아몬드'다. 행복한 존재만이 찬란하게 빛날 수 있다. 이 땅의 청춘들이 진정한 나를 찾아 행복한 존재가 될 수 있도록 돕는 것. 이것이 평생 공학자로 젊은이들과 함께해온 내가 인생 후반부에 봉사로써 보답하는 길이라 생각한다.

수업을 준비하며

◆ 나를 초심으로 돌려놓다

명상 수업을 준비하는 마음은 평소 전공 수업을 준비할 때와는 사뭇 달랐다. 내가 이런 수업을 하게 되리라고는 한 번도 생각해보지 못했다. 명상 수업은 인문사회 관련 학과에서 개설되는 것이 적합했다. 하지만 가장 빠르게 개설할 수 있는 곳은 내가 소속된 항공우주공학과였다. 인성교육은 처음이었기에 신중하고 진지해질 수밖에 없었다.

'내가 공학 분야에서 가르쳐온 것은 무엇을 위한 것이었을까? 지식 습득만을 위한 것인가? 좋은 곳에 취직하기 위한 것인가? 그게 다였나…' 하는 근본적인 고민도 하게 되었다. 명상 수업을 준비하는 시간은 모든 것을 초심으로 돌려놓았다. 내가 명상을 왜 하는지, 수업에서는 무엇을 해야 하고 어떻게 학생들과 함께해야 하는지 깊이 생각하도록 해주었다. 처음 카이스트 교수로 임용돼 강단에 섰을 때도 해보지 않은 성찰이었다.

내가 배운 명상을 만드신 스승님 생각이 났다. 스승님은 "나는 제자를 만들려는 것이 아니라 스승을 만들려고 한다"라고 하셨다. 이 이야기를 처음 들었을 때 말로 표현할 수 없는 감동을 느꼈다. 당시 명상을 안내하는 분들 사무실엔 '스승은 가짐이 없어야 한다'로 시작하는 스승님의 시가 붙어 있었다. 그분들은 항상 시를 읽으며 명상을 안내하는 마음을 돌아본다고 했다.

"스승은 마음이 없어야 한다, 스승은 가르침이 없어야 한다…." 이 시를 읽는 내내 나도 마음이 숙연해졌다. 스승님이 사람을 어떤 마음으로 대하는지 그 진심을 알 것 같았기 때문이다. 읽은 지 십 년이 넘었던 그 시가 수업을 앞두고 가장 먼저 떠올랐다. 학생들을 가르치며 자칫 조급해지거나 욕심을 부리게 될까 봐 두려웠다. 나의 섣부른 생각을 무책임하게 전할까 봐 두려웠다. 가르치려 들거나 아는 소리를 할까 봐 두려웠고, 학생들에게 명상의 본령을 그릇 전할까 봐 두려웠다.

선생은 가르치는 사람이고, 학생은 배움을 얻는 입장이어야 한다고 당연하게 생각했다. 그 위계적 입장에서 어느새 나는 어디서든 가르치려 드는 사람이 되어 있었다. 늘 내 방식대로 준비하고, 강의하고, 평가하고, 내가 하는 모든 것이 옳다고 생각해왔다. 나의 고정관념과 사고의 틀, 한계를 스스로 용인하고 있었다. 나는 수업을 듣는 학생들에 관해 얼마나 알고 있던가, 학생들이 무엇을 궁금해하고 무엇을 원하는지 알려고 했던가, 돌아보게 되었다. 나는 학생들로부터 배워야 했다. 나의 고정관념을 내려놓고, 마음을 열고 함께하겠다는 다짐을 했다. 늘 나 자신을 돌아봐야 가능한 것이었다. 나부터 매일 명상을 하지 않을 수 없었다.

♦ 나의 스승님들을 기다리며

교과목을 구성하는 과정에서 학교 내의 여러 교수님과 전문가들의 도움을 받았다. 저명한 뇌과학, 철학과 교수님과 상담전문가를 강의에 초빙하기도 했다. 비록 한 차례씩의 특강이기는 했지만 여러 전공 교수님이 함께하는 수업이 되었다. 처음부터 의도한 것은 아니었으나 저절로 학문 간 융합의 장이 되었다.

가장 먼저 상담소 소장님께 첫 번째로 강의해주실 것을 요청했다. '카이스트 사태'를 겪고 나서 상담소의 역할은 더욱 중요해졌다. '찾아가는 상담소'의 의미로 강의를 요청드리니 흔쾌히 수락해주셨다. 상담에 얽힌 에피소드가 자신들의 이야기여서인지 학생들의 관심도 컸다.

뇌과학 전공 교수님도 초빙했다. 명상과 뇌의 작용은 학계에서도 관심이 큰 분야다. 명상 과정은 뇌에 반영되고 명상의 효과도 뇌에 나타난다. 카이스트에는 이미 가장 앞서가는 뇌과학자가 몇 분 계셨다. 정용 교수님, 정재승 교수님, 김대식 교수님이다. 정용 교수님에게 뇌과학에 대한 강의를 부탁드렸고, 나도 이때부터 본격적으로 뇌과학에 관심을 갖기 시작했다.

철학과 박우석 교수님께도 강의를 요청드렸다. '어떻게 살 것인가, 어떻게 인류의 고민을 풀어낼까'를 연구하는 철학 분야는 어찌 보면 명상과 가장 근접한 학문 분야라고 할 수 있다. 박우석 교수님은 특히 20세기 최고의 철학자로 알려진 비트겐슈타인을 전공하셨다. 항공공학자에서 철학자가 된 비트겐슈타인의 생애도 학생들에게 던져주는 의미가 컸다. 나도 명상을 한 이후 철학이 새롭게 보이기 시작한 터라 함께 배우는 마음이었다.

또한 명상 수업이 이공계 학생들을 대상으로 처음 열린다는 점을 감안하여 한국 과학사 전공 신동원 교수님도 초대했다. 우리의 선조들은 어떤 마음으로 하늘과 땅의 과학을 일구었는지, 마음은 몸과 어떻게 연결되는지, 과학과 정신, 마음과 몸이 유기적으로 연결돼 있음을 일깨워주셨다. 당시 내가 교수님들과 전문가분들께 배운 내용은 능력이 닿는 데까지 이 책에 담으려고 했다.

각 분야 교수님들의 특강은 마음으로 바라보는 세상, 마음이 만들어가는 세상에 대한 이해를 위한 것이었다. 이를 통해 마음을 돌아보는 명상이 자기 삶은 물론이고 전공과도 무관하지 않음을 학생들이 이해하게 되리라 믿었다. 명상은 이 수업에서 가장 중요한 핵심이었다. 세상에 대한 이해가 커진다 한들 자신에 대해 모르면 무슨 의미가 있을까. 불안한 마음으로, 스트레스에 힘겨워하는 마음으로 살아가면 세상은 그저 고해일 뿐이다. 자기를 성찰하는 인성교육이 필요한 이유다.

하지만 나는 명상을 하는 사람이지 명상을 안내하는 전문가는 아니었다. 평소 소신도 명상은 전문가에게 안내받고 꾸준히 해야 한다고 생각하고 있다. 수업에서 기초적인 단계나마 명상을 다소라도 실행할 수 있었던 건 오랜 기간 '마음빼기 명상'을 해온 전문가들의 도움을 받았기에 가능했다. 카이스트 학생들은 크든 작든 미래에 대한 불안, 보이지 않는 경쟁 속에 놓여 있었다. 성공을 바라는 본인과 주위의 기대는 어깨에 짊어진 백팩보다 만 배는 더 무거워 보였다. 명상은 지식으로 이해하는 것이 아니라, 마음으로 실행하고 체득해야 한다. 학생들이 명상 수업을 통해 스트레스의 원인을 알고 없앨 수만 있다면 그것만으로도 의미가 있을 것 같았다.

수업 준비를 마치고 나니 첫 강의가 기다려졌다. 설렜다. 나의 스승님들과 만날 날이 다가오고 있었다.

♦ 설렘과 기대가 함께한 첫 강의

카이스트의 첫 번째 명상 수업은 2011년 9월 5일 가을 학기의 시작과 함께 열렸다. 그날도 나는 여느 강의 때처럼, 정장에 커피 한 잔을 들고 강의실에 들어섰다. 카이스트 창의관 계단식 강의실에는 47명의 학생들이 호기심 어린 눈빛으로 나를 기다리고 있었다. 이공계에서 처음 열린 명상 수업이었다. 감회가 남달랐다. 처음 강단에 서는 신임 교수처럼 열심히 준비한 만큼 설렘과 기대도 컸다.

'항공우주공학 특강' 과목에 '지금이 내 인생의 터닝 포인트!'라는 부제로 개설된 강의였다. 타 학과 학생들이 더 많이 모였다. 학부생 그리고 석박사 과정 학생도 학점을 이수할 수 있는 과목이었다. 한국어로 진행하는 수업이라고 공지했지만, 카이스트에 유학 온 외국인 학생도 몇 명 있었다. 자기를 성찰하고 명상을 하는 데는 많은 말이 필요하지 않으니 외국인이라고 해서 전혀 문제 되지 않았다. 강의 공고가 늦어 수강 신청 기간이 촉박했음에도 불구하고 저마다의 기대로 찾아온 학생들이었다.

"이 과목을 신청해주셔서 감사합니다. 이 시간이 꼭 여러분에게 터닝 포인트가 되기를 간절히 바랍니다."

진심을 담아 첫인사를 건넸다. 수업은 대화와 강의가 함께하는 방식으로 진행하고 싶었으나 학생들에게 익숙한 방식은 아니었다. 내가 질문을 많이 건넸고, 수업 피드백을 매주 받았다. 리포트 외에 영화와 그림 감상 등의 숙제를 내주기도 했다. 학생들이 평소 어떤 생각을 하며 생활하는지 궁금했기 때문에, 수업 시간 외에도 몇 명씩 조별로 매주 점심이나 저녁 식사를 함께하기도 했다. 장소는 학교 앞 맥줏집이나 식당이 되기도 하고, 내 출장 때문에 생긴 보강 강의를 밤늦게 끝낸 날이면 학생들과 작은 파티를 열기도 했다. 전원 기숙사 생활을 하니 가능했다.

◆ 수업 목표는 '행복하자, 청춘!'

수업의 목표는 학생들이 행복한 삶을 살도록 하는 데 있었다. 2011년은 산다는 것이 무엇인가 깊이 생각해보지 않을 수 없는 해였다. 모든 불행은 자신의 인식에서 시작된다. 서로 다른 환경에서 살아온 학생들은 자신의 행동과 생각이 상대방과 달라서 겪는 갈등과 마찰뿐만 아니라, 끝없이 비교하고 경쟁하는 상황에서 고통을 겪고 있었다.

카이스트는 전국의 수재들이 모이는 곳이다. 그래서인지 학생들 각자가 자신이 다른 학생에 비해서는 부족하고 열등해서 '마이너리티'에 속한다고 생각해 힘들어하는 경향도 있는 것 같았다. 또 지금보다 더 성공한 사람이 되어야 한다는 강박관념, 자신이 최선을 다하고 있지 못한다는 자책감, 미래에 본인이 원하는 삶을 살 수 있을까에 대한 불안과 두려움을 늘 마음 한구석에 지니고 있었다. 비단 카이스트 학생들만 그랬겠는가. 어쩌면 이 땅에 사는 대부분의 젊은이가 갖는 고뇌와 짐일 것이다.

　이미 지나가버린 과거와 다가오지 않은 미래를 마음속에 넣어놓고 짐을 지고 있으니 청춘들에게 행복은 너무나 먼 얘기였다. 행복은 스트레스와 복잡한 생각이 없는 상태에서 시작된다. 그것은 '행복하고 싶다'는 마음조차 없는 상태다. 그 첫발은 자기를 아는 것에서 출발해야 한다. 자기 마음이 어떤지, 어떤 생각을 갖고 있는지, 내 마음과 생각이 어떻게 자기를 지배하고 있는지 아는 것이 중요하다.

첫 번째 수업
마음을 정의해본다면

♦ 마음의 정의

학생들에게 마음에 대해서 정의해보라고 했다. 아래는 수업을 본
격적으로 시작하기 전에 학생들이 그때까지 지니고 있던 마음에 대
한 관념을 표현한 것이다. 학생들은 자기 전공과 연관 지어 다양하게
마음을 표현했다.

○ 마음은 만유인력과 같다. 왜냐하면 욕심이 많으면 많을수록
　 더 욕심이 생기는 것 같기 때문이다. 물체가 무거우면 무거울
　 수록 중력이 더 커지는 것과 같은 이치다.
○ 마음은 콘크리트 건물과 같다. 콘크리트는 한 번 부러지면 복

원이 안 된다. 마음도 한 번 상처를 받으면 복원되지 않는다.

○ 마음은 전기회로 중 하는 일은 없고 전기 에너지만 잡아먹는 회
  로 같다. 마음 때문에 고생도 하고 많은 세월을 보낸 것 같다.

○ 마음은 히스테리시스Hysteresis 같다. 이력현상이라고도 불리
  는 이 현상은 물질의 상태가 지금 현재 놓인 조건에만 정해져
  있지 않고 과거 그 물질이 거쳐온 이력에 의해 좌우되는 현상
  을 말한다. 마음도 마찬가지다. 한 번 되돌아가면 어긋나 있고
  또 되돌아가면 어긋나서 처음으로 돌아갈 수 없다.

○ 일반상대성이론에 따르면 질량의 존재는 자기 주변의 시공간
  을 변화시킨다. 사람의 욕심 또한 주변 환경을 변화시키며 자
  신의 욕심을 채운다는 점에서 질량에 비유할 수 있다.

학생들은 마음은 되돌아갈 수 없다는 것과 그런 공고한 마음이
주변 환경에까지 영향을 준다는 관점에서 마음을 정의했다. 학생들
은 마음은 어떻게 할 수 없는 불가항력적인 것이라고 생각했다. 마음
에 관한 오해를 풀어주고 싶었다.

나는 명상 수업에서 사람은 각자 자기만의 마음 세계 속에 살고
있으며, 그래서 보는 관점이 전부 다르다는 것을 가장 먼저 알려주
려고 했다. 관념과 관습으로 단단해진 자기 마음속에 살기에 각자 생
각이 다르고 다른 사람을 이해하기가 힘든 것이다. 학생들은 한 학기
동안 명상을 하면서 스스로 변화를 경험했다. 자신을 돌아볼 수 있다

는 기대와 돌아본 마음을 버리면 변화할 수 있다는 희망을 확인했다.

✦ 같은 공간 다른 기억

학생들에게 과제를 하나 내주었다. 그날 자정까지 나를 한 줄로 묘사해 메일로 보내달라고 했다. 학생들은 숙소로 돌아가 나를 떠올렸다. 학생들이 나를 어떻게 묘사했을까 궁금했다. 이 과제는 관점과 기억에 관한 것이다. 결과를 보고 나면 동일한 장소와 시간에 같은 대상을 보고 있어도 모두가 다른 것을 보고 있었다는 사실에 놀라게 된다. 다음은 학생들이 같은 수업 시간에 기억했던 내 모습이다.

○ 회색 재킷에 검정 바지, 하늘색 넥타이를 하셨던 모습이 떠오릅니다. 제가 하늘색 타이를 좋아해서 기억에 남네요.

○ 왼손에 끼셨던 반지가 기억에 남습니다.

○ 교수님께서 아이패드를 조작하시면서 강의하시는 모습이 가장 기억에 남습니다. 아이패드를 연결한 강의를 처음 접해서 그런 것 같습니다.

○ 저는 교수님이 한 여학생에게 월요일에 졸업사진을 잘 찍었냐고 물어보시던 장면이 기억에 남네요.

○ 조그만 고정용 마이크를 들고 수업하셨는데, 양손 모두 떨지 않으시던 모습이 기억납니다. 제가 평소에 손을 조금 떠는 편

이라 보인 것 같아요.

○ 통역이 잘 이루어지고 있는지 확인하시고 외국인 학생들을 틈틈이 챙겨주시던 모습이 떠오릅니다.

그다음 수업 시간에는 아이패드의 사진 촬영 기능을 가지고 이야기를 나눴다. 아이패드의 온도 감지 기능으로 촬영하면 인체와 주위 온도가 다른 색으로 표현된다. 또 사물이 왜곡돼서 나타나는 기능도 있다.

이렇게 같은 렌즈를 통해 사진을 찍지만 그 기능에 따라 다르게 찍히듯이, 사람도 눈을 통해 사물을 보지만 사람마다 보는 관점이 달라서 다 다르게 보인다. 심지어 현실과는 전혀 다른 기억을 떠안고 살아갈 수도 있는 것이다. 예를 들어 가족 여행을 갈 때도 나중에 이야기하다 보면 장소는 같아도 서로 다른 곳에 있었던 것처럼 느낄 때도 있다. 몸은 함께 있어도 마음이 따로 있는 것이다. 자기 마음에 따라 세상도 다르게 보고 느낀다.

사람은 단 1초를 보고도 눈으로 보고 사진을 찍어 뇌 속에 남긴다. 마음속에 남기는 것이다. 남길 때는 그동안 살아오면서 쌓아온 경험과 관념 등을 총동원해 필터링한 뒤 그것이 실제 모습이라고 여기고 기억 속에 저장한다. 이것이 '기억된 생각'이다. 기억된 생각의 특징을 앞서 학생들의 과제를 통해 살펴보면 다음과 같다.

첫째, 학생들이 각자의 공간에서 내 모습을 떠올린 그 순간, 학생들의 기억 속 나는 실제의 내가 아니다.

둘째, 사람은 누구나 같은 사물에 대해 각각 다른 관념으로 다양하게 바라보고 있다. 그 관념은 살면서 쌓아온 기억을 토대로 평가하고 판단한 것일 뿐이다.

셋째, 만약 시간이 흘러 더 많은 기억이 축적되면 어떻게 될까? 다른 관념과 감정이 덧씌워져 나만의 생각이 확고해진다.

넷째, 그래서 내 기억 속 사진들은 허상이며, 버리면 없어지는 가짜다. 이것을 인지하는 게 명상의 출발점이다.

◆ 내 마음이 투영된 세상

수업에서는 종종 미술작품을 보거나 사진 한 장을 보여주고 떠오르는 생각을 말하거나 글로 적어보는 시간을 가졌다. 살바도르 달리와 빈센트 반 고흐의 그림을 보기도 하고, 양 끝에 로터를 달고 떠 있는 틸트로터Tiltrotor˙ 사진을 보여주기도 했다. 이 역시 각자의 마음 세상대로 보고 느끼고 해석한다는 것을 경험하기 위한 수업이었다.

틸트로터의 와류˙˙를 보고 박사과정의 한 외국인 학생은 "마치 한

˙ 헬리콥터와 터보프롭 비행기의 특성을 겸비한 수직 이착륙기
˙˙ 날개 끝에서 소용돌이치며 회오리를 만드는 공기의 흐름. 날개의 윗면과 아랫면의 압력 차이 때문에 날개의 끝단에서 고기압의 공기가 저기압 쪽으로 넘어가면서 발생하는 공기의 소용돌이를 말한다. 토네이도도 이와 같은 현상이다.

사람의 인생이 제자리걸음을 걷는 것 같다는 느낌을 받았다"라고 했다. 그리고 "틸트로터처럼 기계는 설계된 대로만 움직이지만, 사람은 정체되었다가도 빠져나갈 수 있는 능력을 지니고 있음을 느꼈다"라고 말했다. 사물의 물리적 현상은 마음을 설명하는 데에도 적절했다. 또 다른 학생은 "애석하게도 비행기의 와류는 오랜 시간이 지나면 없어지지만 사람 마음의 소용돌이는 시간이 가도 없어지지 않고 지속된다"라고 표현하기도 했다.

빈센트 반 고흐의 작품 〈별이 빛나는 밤The Starry Night〉을 떠올려보자. 밤하늘에 총총히 떠 있는 별들의 반짝임도 고흐에게는 소용돌이로 보인 것 같다. 별들만 소용돌이치는 게 아니라 나무도 소용돌이치며 산도 소용돌이치는 것 같다. 그의 마음에는 태양도 소용돌이치

며 달도 소용돌이친다. 꽃도 소용돌이치며 자기 모습도 소용돌이친다. 이것은 내가 이 그림을 바라본 관점이다. 어떻게 보든 정답은 없다. 다만 보는 관점과 시각은 내 생각이고 마음이며, 그것은 살면서 저장된 기억에 따라 해석된다는 것이다.

달리의 대표작 〈기억의 지속The Persistence of Memory〉을 보고 한 학생은 "실력을 쌓으려면 정말 많은 노력이 필요하다는 걸 느끼고 있어서인지 마치 자신감이 없어서 이 사람 저 사람 눈치를 보며 항상 움츠리고 다니는 자기 모습 같다"라고 했다.

반면, 시계를 엿가락처럼 표현한 이 그림은 공학자인 나에게 의외의 영감을 주었다. 30년 전, 처음 이 그림을 보았을 때 상자에 걸쳐

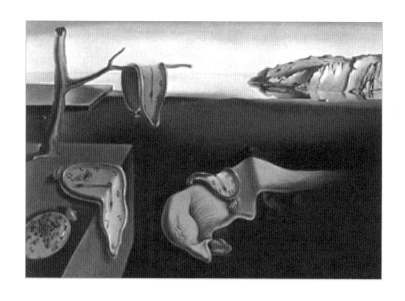

진 시계 아래쪽에 생긴 주름에 시선이 머물렀다. 그때 내가 상상한 건 이 그림과는 아무 관계가 없는 것이었다. 연상작용이라고 하기에도 참 엉뚱했다. '헬리콥터 로터에서 회전하는 나선형 와류 소용돌이가 아래 날개에 부딪히면 와류는 어떤 모양으로 변할까?'라는 생각이었다. 아름다운 나선형이 유지될까, 휜 것으로 나타날까 아니면 흐트러질까, 그럴 때 소리도 날까 실제로 궁금했다. 매우 어려운 수학 문제로, 내가 항공 분야의 와류 연구에 오랫동안 관심을 두게 된 동기부여가 되었다.

나에게 학문적 영감을 준 이 그림은 또 다른 면으로 나를 돌아보게 해주었다. 명상을 하면서 돌아본 나의 기억은 정말 집요하고 끈

질겼다. 어릴 때의 기억이 트라우마가 되어 십여 년을 고생했던 것이다. 지나간 과거에 묶여 쉽게 벗어나지 못했던 나를 보며 사람의 기억이 참으로 집요하다는 생각이 들었다. 그래서 나는 이 그림을 종종 '기억의 집요함'이라고 불렀다.

제목을 어떻게 해석하든 이 그림을 통해 예술가의 무의식과 인간 고통의 단면을 읽게 된 것 같다. 초현실주의 작가들은 기억 속에 흐르는 무의식을 글이나 그림으로 표현하면서 그 몰입의 순간만큼은 희열을 경험하는지도 모른다. 그러나 이내 현실의 고통 속으로 돌아온다. 예술가나 일반인이나 이 자각할 수 없는 무의식 때문에 고통받는다는 점은 같을 것이다. 나는 명상을 하며 마음을 버리고 나서야 비로소 이 집요했던 기억으로부터 자유로워질 수 있었다.

◆ 공학의 원리로 설명하는 마음의 법칙

학생들에게 어떻게 하면 마음의 이치를 잘 설명할 수 있을까 궁리를 많이 했다. 내게는 항공우주공학의 원리를 예로 들어 설명하는 것이 가장 쉬웠다. 명상을 하며 마음을 알아갈수록 세상의 이치가 하나하나 깨달아졌다. 항공우주공학의 원리도 새롭게 보였다. 마음 아닌 것이 없었다. 습관의 원리와 관성의 법칙을 비행기의 궤도를 빗대어 설명해주니 학생들이 쉽게 이해했다. 습관도 관성의 법칙에 따른다. 물체의 무게가 무거우면 속도나 방향을 바꾸는 데 힘이 많이 드는 것처럼, 내 마음이 무거우면 습관 하나도 바꾸기 힘들다.

스트레스에 대해서는 비행기 무게를 견뎌야 하는 비행기 날개의 스트레스를 이야기해주었다. 비행기 날개가 비행기 동체의 무게를 견디는 것이 비행기의 스트레스다. 라이트 형제가 만든 최초 비행기의 날개가 받는 스트레스를 1이라고 한다면, 최신 초음속 전투기는 100배, 보잉 747 점보제트 여객기는 134배의 스트레스를 받는다. 이렇게 스트레스를 받고도 더 빠르게 더 멀리 더 많은 인원을 싣고 하늘을 날 수 있는 비결은 외부의 스트레스를 견딜 수 있는 최신 복합 소재 덕분이다. 무게가 가벼우면서도 철보다 강한 신소재로 재료를 바꿔 비행기의 스트레스를 극복했다. 비행기도 자기 무게를 줄이는 변화가 있어야 하듯이, 사람도 마음을 바꾸는 노력이 필요하다.

변화에도 단계가 있다. 한 번에 해결되지는 않는다. 이것을 로켓 발사의 원리로 설명했다. 지구에서 우주로 가려면 단계 없이 대기권을 벗어나기는 어렵다. 1단계 로켓은 발사 후 바다로 버려진다. 1단계 로켓이 떨어져 나간 직후 2단계 로켓이 점화된다. 2단계 로켓도 발사 후 어느 고도에 이르면 분리된다. 3단계 로켓은 인공위성이거나 사람이 타는 캡슐이어서 크기가 작다. 대기권을 벗어나면 이동하는 데 에너지가 필요 없고 무한히 날아간다.

로켓이 지구 중력을 이겨내고 대기권을 벗어나는 데도 단계가 있듯이 마음의 중력을 넘어가는 데도 단계가 필요하다. 이런 접근은 학생들에게 자신이 지고 있던 마음의 짐들을 객관화하는 데 도움이 된

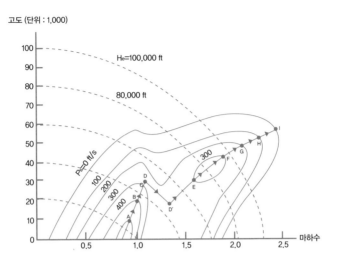

고도 (단위 : 1,000)

것 같다. 어떤 학생은 자신의 상태와 비슷한 점에 위안을 얻었고, 스스로 벗어날 수 있다는 희망처럼 들렸다고 했다.

학생들은 초음속 전투기가 최단 시간에 고공으로 올라가는 원리에도 공감했다. 전투기는 실제 전투에서 적기가 나타나면 초음속으로 최단 시간 상승 비행해야 한다. 상공으로 빨리 올라가는 방법은 처음에는 위로 올라가다가 어느 고도에서 기수(비행기 머리)를 낮추는 것이다. 당장은 고도를 희생하는 것 같고 후퇴하는 것 같지만, 고도를 낮추면 그 에너지로 마하(음속)의 벽을 뚫고 다시 힘차게 한꺼번에 올라갈 수 있다.

위의 그림[1]은 초음속 비행기가 비행할 때 가장 빠른 시간에 고도에 도달하는 궤적을 나타낸다. 가로축은 속도를 나타내는 마하수이다(마하수=속도/음속). 세로축은 고도이다. 화살표가 있는 굵은 실선은 비행기의 비행경로이다. 비행기가 속도를 올리면서 고도를 높이다가 마하수 1.0 근처에서 저항이 갑자기 증가하는 마하 벽을 넘으면서, D 지점에서 고도를 낮춘다. 그리고 계속 고도를 낮추다가 마하 벽을 지난 D'에서 다시 고도를 높여서 비행할 때, 목표인 I지점에 가장 빠른 시간에 도달한다.

우리 인생도 그렇지 않은가. 개구리가 멀리 뛰기 전에 몸을 움츠리듯, 사람도 잠시 멈추고 돌아볼 때 다시 새롭게 나아갈 수 있다. 이 수업을 들은 한 학생의 감상이다.

▷ ▷ 교수님께서 해주신 말씀 중에 아직도 기억에 남는 것은 항공기가 빨리 고도를 상승하려고 할 때 어떻게 해야 하는지에 대한 답입니다. 답은 속도를 올리며 무작정 고도를 높이기만 해서는 안 되고, 어느 정도 속도에 이르렀을 때 다시 고도를 낮추어 하강했다가 올라가야 한다는 사실이었습니다. 대학원 진학 후 전반적으로 침체되었던 제 모습이 다시 더 높이 올라가려는 항공기의 상태와 비슷한 게 아닐까 하고 조금 위안이 되었습니다. 대학원 진학 후 가장 많이 변화한 시간이었습니다. 처음 예상보다 더 많이 긍정적으로 삶에 대한 희망을 품게 된 것 같습니다. (이석영)

수업 후 진행한 설문조사를 통해 '나의 변화를 발목 잡는 내 중력은 무엇인가'라고 학생들에게 물었을 때, 대부분 '과거의 기억을 가진 내 안의 나', '현재 나의 습관과 콤플렉스'라고 대답했다. 변화는 '나 자신'에게서 시작한다는 것을 학생들이 인식하기 시작한 것이다. 또 자기성찰이 필요한 이유에 관해서 더 분명하게 알게 된 것 같았다.

자기 이해 연습 1

관점에 따라 다르게 보인다

 옆의 QR코드에 접속하면, 영국의 대표적인 종합 일간지 〈가디언〉의 '스킨헤드' 광고가 나온다. 1986년에 공개된 이후 최고의 광고 중 하나로 꼽히고 있다. 관점의 중요성을 부각한 영상이다.

영상의 첫 번째 부분을 보면 스킨헤드 남성이 도망가는 것처럼 보인다. 두 번째 부분은 모자 쓴 남자의 가방을 빼앗으려는 걸로 보인다. 하지만 세 번째 부분을 보면 이 남자가 모자 쓴 남자를 구하려는 것이라는 걸 알 수 있다. 어떤 관점에서 보느냐에 따라 상황이 전혀 다르게 해석된다. 그렇다면 내가 바라본 세상은 옳았을까.

두 번째 수업
자기 돌아보기

♦ 내 안에 답이 있다

    사람들은 불안과 걱정이 있어도 과정이려니 하며 살아간다. 마음을 포기하고 사는 것 같다. 불안이라는 감정에 대해서 예를 들어보자. 불안은 어디에서 오는 것인가. 그 불안은 자기 마음 안에 있다. 삶에서 불안하다고 느낀 순간들을 생각해보자. 해야 할 일의 마감이 다가올 때, 시험을 앞두고 준비가 덜 됐을 때, 잘해야 한다는 부담이 클 때 등등 사람마다 불안의 이유는 다양하다. 할 일을 제때 하고 준비를 철저히 해서 불안이 없어진다면 그렇게 노력하면 되겠지만, 불안은 변검술처럼 수시로 얼굴을 바꾸어 나타난다. 어느 때 어떻게 나타나든 불안의 뿌리는 살아온 삶의 마음이다.

내 안에 무엇이 있느냐가 중요하다. 긍정적인 마음이 있는가 아니면 부정적인 마음으로 가득 차 있는가. 이 마음은 남에게 있지 않고 바로 나한테만 있다. 그리고 생각만 반복한 것이 아니라, 행동도 습관적으로 반복해왔다. 내가 한 생각이나 행동은 고스란히 나에게 남아 있다. 지금 이 순간 어떤 마음을 가지고 있는지도 다 내 안에 있다. 다행인 건 내 안에 있는 것을 없앨 수 있다는 사실이다. 없앨 수 있다는 건 우리가 새로이 시작할 수 있다는 희망이다. 오래전, 모두가 힘겨운 시간 속에서 열린 카이스트 수업을 통해 학생들이 자신을 돌아보기 시작했을 때 보았던 바로 그 희망이다.

카이스트 명상 수업을 수강한 학생들은 의식과 관점이 변화되고 생활에도 변화가 찾아왔다고 했다. 실제로 학업에도 도움이 되었다. 한 번은 학기가 끝나고 명상 수업을 수강했던 학생을 만날 기회가 있었다.

"수업을 듣고 나서 4학년 2학기에, 재학 중 처음으로 4.0 성적을 받았어요. 방황하지 않고 저 자신에게 집중할 수 있었기 때문이에요."

가장 기뻤던 것은 '방황하지 않게 되었다'라는 학생의 말이었다. 언제든 마음의 조건은 생길 수 있지만, 그럴 때마다 바로 그 마음을 다잡을 수 있다면 무슨 문제가 있겠는가. 나는 마음의 힘을 믿는다. 마음이 모든 것이기 때문이다.

'살면서 이루고 싶은 것이 무엇인가? 인생의 목적은 무엇인가?' 라고 누군가 묻는다면 어떤 답을 할 것인가? '부자가 되고 싶다, 전문가가 되고 싶다, 좋은 곳에 취직하고 싶다, 성공하고 싶다'와 같은 물질적인 바람을 말하는 사람도 있을 것이고 '긍정적인 마음을 갖고 싶다, 인간관계를 잘하고 싶다, 걱정 없이 살고 싶다, 스트레스를 없애고 싶다, 불안에서 벗어나고 싶다'라는 정신적인 바람을 말하는 이도 있을 것이다.

미래에 대해 어떤 바람을 갖고 있든, 또 지금 내 모습에서 무엇을 바꾸고 싶어 하든, 공통점이 있다. 바로 '나'에게 달려 있다는 것이다. 미래의 바람을 이루기 위해 노력하는 것도 '나'이고, 변화해야 하는 것도 '나' 자신이다. 아인슈타인은 "똑같은 생각과 같은 일을 반복하면서, 다른 결과가 나오기를 기대하는 것보다 더 어리석은 생각은 없다"라고 했지만, 똑같은 생각과 행동을 하는 자기를 돌아보면 변화를 가로막고 있던 원인을 알 수 있다.

♦ 나에 대해 얼마나 잘 알고 있는가

이제부터 내 안에 무엇이 있는지 나를 탐험해보자. 나는 자신에 대해서 얼마나 잘 알고 있을까. 학생들을 가르치면서 알게 된 것은 사람들은 자신이 삶을 어떻게 살아왔는지 궁금해하지 않는다는 점이다. 꿈과 목표를 이루고 싶고, 잘 살고 싶어하지만 지금 자신의 상황이 어떠한지 마음이 어떠한지 제대로 이해하는 데에는 큰 관심을 두지 않는 것 같다.

공학에서는 어떤 난관에 부딪혔을 때 가장 먼저 하는 게 문제의 원인을 찾아내는 것이다. 설계의 문제인지, 조립 과정의 문제인지, 어디에서 문제가 생겼는지 찾아서 이해하는 것이 시작이다. 나라는 존재는 과거로부터 이어져 지금의 내가 된 것이다. 지나온 흔적을 보면 지금 내가 가지고 있는 문제를 알 수 있다. 더 나아가 다 비워냈을 때 목표를 이룰 수 있는 잠재력도 발견할 수 있다.

자신을 가장 잘 아는 건 자신이어야 한다. 그렇다면 과연 자신에 대해 얼마나 알고 있을까. 실험실에서 학생들과 실습을 하다 보면 자기 자신이 왜 그런 생각과 가치관을 지녔는지, 좋아하는 것이 있으면 그 이유는 무엇인지 알고 있는 학생이 거의 없다. 본인이 무엇을 잘하는지, 어떤 사람인지 글로 써보라고 하면 잘 쓰지도 못한다. 꿈이 있다고 하면서도 자신이 그 꿈을 왜 가지게 되었는지 잘 모른다.

오히려 그동안 나를 지켜봐온 가족과 친구, 이웃 들이 나를 더 잘 알고 있다. 내가 어떤 습관이 있는지, 어떤 것을 좋아하고 싫어하는지 잘 안다. 나를 더 객관적으로 지켜보았기 때문이다. 그러나 우리는 나를 잘 아는 건 나 자신이라고 착각한다. 당연히 나를 가장 잘 아는 존재는 나여야 하지만, 이것도 내 생각일 뿐이다. 한 번도 나를 돌아본 적이 없다면, 남이 나를 더 잘 알지도 모른다는 것을 인정해야만 한다. 자기 돌아보기는 나를 객관적으로 지켜보는 과정이다.

◆ 자기 돌아보기와 반복의 의미

결과를 이루어내는 최고의 무기는 반복이다. 반복은 열정, 신념, 지극함의 다른 단어다. 객관적으로 자기를 계속 돌아보다 보면 전혀 다른 관점으로 내 삶을 바라보게 된다. 그래서 반복해서 봐야 한다. 과학 실험은 여러 번 같은 조건을 재현할 수 있지만, 삶은 과거로 되돌려 다시 살아볼 수 없기 때문이다. 그렇게 꾸준히 돌아보다 보면 스스로를 이해하게 되고 자신의 잠재력도 발견할 수 있다. 또 문제가 있다면 그 문제의 원인을 찾을 수 있다.

어떤 이는 과거에 기뻤던 일로 지금도 기뻐하고 있을 수도 있고, 슬펐던 일로 아직 슬퍼하고 있을 수도 있다. 또 아쉽고 후회스러운 일을 지금껏 한탄하고 안타까워할 수도 있다.

그러나 인생은 새옹지마라 하였듯이 지금의 불행이 항상 불행인 것은 아니다. 또 지금은 행복함을 느끼지만, 내일은 어떨지, 일 년 후의 내 삶은 어떨지 장담할 수 없다. 하지만 한 가지는 분명하다. 즐거운 꿈이든 악몽이든 꿈에서 깨어나야 깨어 있는 삶을 살 수 있다는 것이다. 과거의 삶에서 벗어나야 새로운 삶을 향해 나아갈 수 있다.

자기를 돌아보면 자신의 현재를 마주하게 된다. 그리고 자기가 원하는 미래와 현재의 차이를 잘 알게 된다. 자신의 현재를 알면 허황된 미래를 꿈꾸지 않는다. 거품을 거둬내니 미래와 현실의 차이를 줄일 수 있다. 그러다 보면 보이지 않던 것이 보이고, 몰랐던 것을 많이 알게 될 것이다. 자기 돌아보기는 변화된 내 삶을 위한 첫걸음이다.

♦ 간단하게 훑어보는 인생 그래프

나의 삶을 나 스스로는 어떻게 생각하고 있는지 볼 수 있는 것이 인생 그래프다. 자신의 인생을 돌아보는 데 도움이 된다. 그래서 명상 수업 초기에 활용했다. 인생 그래프는 일반적으로 심리 상담 등에서 많이 활용한다. 이것 자체가 본격적인 자기 돌아보기는 아니지만, 지나간 내 삶의 궤적을 가볍게 훑어볼 수 있다. 자기의 인생을 간략하게나마 돌아보고 객관화해보는 것이다.

• **방법**

어릴 때부터 지금까지를 나이 순서대로 기억해본다. 그 나이 때에 생각했던 인생의 만족도를 표시한다. 가로축에는 연령대별로 중요한 시기를 표시한다. 세로축에는 자기 만족도에 따라 점수(최고는 10점, 최저는 -10점)를 표시하고 좋았던 이유와 나빴던 이유도 간단히 적는다. 표시된 점을 이어 그래프를 그린다.

• **예시**

다음은 30대 남성의 인생 그래프다.

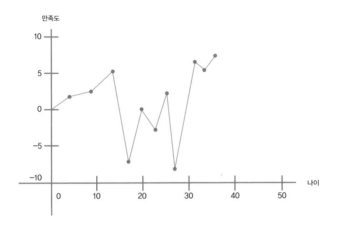

5살: (2점) 유치원에 가기 싫었던 기억이 있으나 대체로는 좋았음.

10살: (3점) 친구들과 신나게 놀았음. 대장 소질이 있었음.

14살: (5점) 공부에 관심이 없었음. 첫사랑을 만남.

18살: (−7점) 첫사랑과 헤어짐. 공부도 사랑도 다 실패함.

20살: (0점) 군대에 감. 말뚝 박을까 고민할 정도로 적응을 잘함.

22살: (−3점) 부모님 반대로 제대하고 재수학원에 다님.

25살: (3점) 공대에 입학함. 뒤늦게 공부에 재미 붙임.

28살: (−8점) 취업이 힘듦. 교통사고도 남. 몸이 아프면 아무것도 하지 못

한다는 걸 깨달음.

31살: (7점) 다행히 잘 회복됨.

33살: (5점) 물리치료사 자격증을 땀. 요양병원 물리치료사로 취직함.

36살: (8점) 결혼함. 직장도 가정도 안정됨.

• 의미

인생의 최저점에는 무슨 일이 일어났고 또 어떻게 회복했나? 불만족스러웠을 때는 거기서 어떻게 벗어났는지도 생각해본다. 시간이 해결해주었는가? 어떤 이의 도움으로 벗어나게 되었나? 그렇게 지나온 결과 현재는 어떤 상태인가?

인생 그래프를 연령대별로 그리다 보면 인생의 굴곡이 그려진다. 그리고 내 인생을 10점에서 −10점까지 점수로 평가한 것은 내가 그렇게 받아들였다는 뜻이다. 다시 말해 평가는 자기 기준이고 자기 입장이다. 인생에 주어지는 환경이나 조건을 내가 바꿀 수는 없다. 그러나 명상을 통해 내 마음이 달라지면 인생을 보는 눈이 달라지는 것을 경험하게 될 것이다.

자기 이해 연습 2

나의 인생 그래프 그려보기

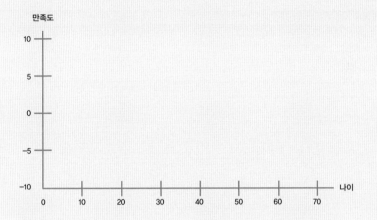

인생 그래프를 통해 간략하게나마 인생의 만족도를 점검해보자.

여기서 자신이 인생의 만족도를 판단하는 기준이 무엇인가 생각해볼 수 있다. 내가 느끼는 행복감인가, 남들의 시선과 평가인가? 인생에는 의도하지 않은 많은 일이 일어나게 마련이다. 그 일들에 반응하는 나를 보면 주변과 타인에 의해 좌지우지되는 경우가 많다.

삶의 과정에서 당시의 만족감과 불만족스러움이 고스란히 남아 있음을 알수 있다. 세상이 다 바뀌었다 한들 내 안에서부터 일어나는 변화가 없다면 무슨 소용이 있겠는가. 계속 세상이 나를 괴롭힌다고 생각할 것이다. 답은 내 안에 있다.

세 번째 수업
마음은 내가 살아온 사진이다

◆ 내 마음은 지나온 삶을 기억하는 사진

나는 마음수련 명상을 하면서 "사람의 마음은 살아온 날들의 사진이다"라는 말을 처음 들었다. 내 안에 있는, 저장된 사진들을 떠올리는 것이 명상의 시작이다. 떠올린다고 바로 버릴 수 있는 것은 아니지만, 떠올리지 않으면 뭐가 있는지 모르니 버릴 수도 없다. 처음부터 잘 되지는 않지만 언뜻 떠오르는 것들이 있을 것이다. 다 내 안에 있는 것들이 떠오르는 것이다. 하다 보면 과거 일들이 사진을 찍어놓은 듯 잘 떠오르게 된다.

나를 돌아본다는 것은 내가 나를 보는 것이다. 내 안에 있으니까 다른 사람은 볼 수 없다. 그렇다고 남이 영 모르는 것도 아니다. 알게 모르게 내 마음은 말로 행동으로 표출되니 내가 나를 남에게 알리고 있는 것과 다름없다. 남들이 훤히 들여다볼 수 있는 세상에서, 자기의 삶이 공개되고 있다는 것도 모른 채 살아가는 영화 〈트루먼쇼〉의 주인공 같은 삶을 살고 있는지도 모른다. 그러니 지금 이렇게나마 나 스스로 자신을 돌아볼 수 있어 다행이지 않은가.

떠오르는 것은 단순한 사진이 아니다. 거기에는 나의 감정과 생각이 덧씌워져 있다. 좋은 사진이 떠오르면 기분이 좋지만, 기분 나쁜 사진이 떠오르면 기분도 안 좋아진다. 우울한 사진이 많으면 우울하고, 부정적인 사진이 많으면 보는 것마다 부정적이고 거슬린다. 사진 하나하나가 내 마음이다. 나도 모르게 찍은 사진이지만 그때그때 내 마음이 가는 곳마다 보는 대로 사진을 찍고 마음에 저장해놓은 것이다.

사람은 마음속에 있는 만큼 말하고 행동하면서 살아간다. 조금 강하게 표현하면, 나는 일생을 살아오면서 찍은 과거의 사진이 시키는 대로 살아가는 사진의 노예다. 그래서 아무리 내 의지대로 살고 싶어도 그렇게 살지 못한다.

내 안에 들어 있는 이 사진들은 가짜다. 실제를 사진 찍어 복사했으니 진짜 같지만, 그것은 그저 사진일 뿐 진짜가 아니다. 어제 빨갛게 잘 익은 사과를 아주 맛있게 먹었다고 해보자. 하루가 지난 지금 그 사과를 떠올려보면 둥근 모양과 달콤한 맛, 아삭한 식감까지 생생하게 느껴질 것이다. 입속에 침이 고일 정도다. 하지만 내 생각 속에 떠오른 그 사과는 실제인가? 진짜인가? 머릿속에 떠오른 사과는 기억된 생각인 사진이다. 가짜이고 허상이다.

♦ 내 안의 사진들이 스트레스

앞에서 학생들에게 내주었던 과제를 예로 들어보자. 학생 수만큼이나 다양한 관점으로 사진 찍은 내 모습이 묘사되었다. 서로 다른 시각과 관점을 통해 우리는 다른 마음 세상 속에 산다는 것을 전하고자 한 수업이었다. 이를 통해 학생들이 인지해야 할 것이 있었다. 내 모습이 어떻게 묘사되든, 중요한 것은 학생들이 떠올린 '기억 속의 나'는 실제가 아닌 사진이라는 것이다. 문제는 그동안 보고 경험한 모든 것이 이렇게 사진이 되어 내 안에 있다는 사실이다. 그냥 조용히 앨범 속의 사진으로만 남아 있는 것도 아니다. 그 사진에는 기쁨, 슬픔, 노여움, 분노, 걱정, 스트레스···. 온갖 감정과 관념, 시비와 분별과 판단이 묻어 있다. '사진寫眞'이라는 단어를 한자로 보면 '진짜를 복사했다'는 의미다. 그런데 왜 우리는 내 안의 사진들 때문에 울고 웃고 스트레스를 받으며 살아가는 것일까.

내 마음이 진짜가 아닌 헛것인 가짜로 채워져 있어서 인생은 허무하다. 그래서 인생은 일장춘몽이라고도 하고, 물거품 같고, 뜬구름 같다고도 한다. 채워도 채워도 끊임없이 부족하다고 느끼는 것은 내 안에 가짜인 사진의 허기만 가득해서다. 허한 생각, 즉 욕심은 끝이 없다. 나의 뇌에 입력된 건 모두 지나온 삶의 사진이며 이것이 나의 사고방식, 고정관념, 편견과 나의 마음 세상을 형성하고 있다. 실제 세상은 따로 있는데 나는 세상을 사진 찍어 그 사진 속 세상, 마음 세상 속에 살고 있다. 이 가상의 세계, 가짜 세상을 진짜라고 믿고 있다. 이것이 인간 문제의 근본 원인이다.

우리는 내 안의 사진들 때문에 하루라도 불편하지 않은 날이 없다. 미워하는 사람의 사진이 내 마음에 있으면 그 사람을 보자마자 미워하는 마음이 일어난다. 나의 의지와 관계없이, 몸이 먼저 반응한다. 과학적으로는 자연현상인 공명 내지는 공진의 원리다. 물체마다 고유 진동수가 있다. 외부에서 고유 진동수와 같은 주파수로 자극하면, 그 물체는 매우 요란하게 움직인다. 공진이다. 소리도 낸다. 공명이다. 진동하는 공진 현상은 마음과 몸에도 일어난다. 화가 나는 것도 마찬가지다. 내 안에 있는 사진이 외부 조건에 의해 자동으로 작동된다. 내 사진들이 강할수록 내 의지와 관계없는 행동을 하게 되는 것이다.

나의 의지는 형상이 없다. 그러나 나의 의지를 방해하는 사진은 떠올려볼 수 있다. 내가 찍은 일생의 사진은 없어지지도 않고, 썩지도 않는다. 안타까운 사실 한 가지를 말하자면, 어릴 때 찍은 기억의 사진일수록 더 선명하게 저장된다는 점이다. 어릴 때는 뇌가 깨끗하기에 보거나 들은 내용이 그대로 잘 각인된다. 어릴 때 들은 이야기나 본 것, 경험한 것은 뿌리 깊게 저장되어 일생을 좌우하기도 한다.

내 마음속의 사진들, 내 뜻대로 내 의지대로 살지 못하게 하는 사진들을 어떻게 해야 할까?

◆ 뇌에 저장된 사진은 버려야 한다

나한테 떠오르는 것은 나의 뇌 속에 있다. 그것은 현실을 있는 그대로 바라보는 데 방해가 될 뿐이다. 그뿐인가. 내 속의 사진은 그 자체가 복잡한 잡념이고 스트레스다. 스트레스의 날들이 하루하루 쌓이면 삶은 고통의 바다가 된다.

사진을 저장하고 있는 뇌가 어떤 영향을 미치는지 예를 들어보자. 혈관 속의 적혈구는 매우 중요한 일을 한다. 혈관 속을 다니면서 모세혈관을 통해 세포의 노폐물을 걸러내고 산소를 공급한다. 적혈구의 크기는 모세혈관의 굵기보다 크다. 따라서 적혈구가 모세혈관을 지나갈 때 통로가 좁으니 모양이 일그러지면서 하나씩 통과하며 임무를 수행한다고 한다. 적혈구가 뭉쳐 있으면 모세혈관을 통과하지 못하고 노폐물을 나르지도 못하며 산소 공급도 못 한다. 그렇게 되면 세포 기능이 저하될 수밖에 없다. 세포에 노폐물이 쌓이면 몸의 면역력은 떨어지고 병도 생기게 된다.

우리 뇌 속에 생각이 많으면 어떻게 될까? 생각의 크기를 물리적으로 가늠할 수는 없지만, 뇌의 기능에 방해가 되는 건 분명할 것이다. 생각은 뇌 속에 있는 찌꺼기라고도 할 수 있다. 비유컨대 이 뭉쳐 있는 생각을 잘 청소하여 뇌 찌꺼기가 없어지면 뇌 기능이 회복된다는 합리적 추론을 할 수 있다. 생각의 노폐물이 없어져서 정신적인 면역력이 좋아진다고 볼 수 있다. 생각이 많으면 마음의 여유도 없고 실행력도 떨어진다.

나를 돌아보면 뿌듯할 때도 있고, 기쁠 때도 있고, 후회될 때도 있고 분할 때도 있을 것이다. 그때마다 내 마음의 크기는 어떠했는가. 내 마음의 씀씀이는 어떠했는가. 구두쇠 스크루지 영감은 자기의 적나라한 모습을 본 뒤, 하룻밤 만에 사람이 극적으로 바뀌었지만, 우리는 자신을 한 번 본다고 바뀌지는 않는다. 그러나 자신을 돌아보고 버림으로써 살아가야 할 방향과 문제의 실마리를 찾을 수 있다. 나를 객관적으로 보고 내 생각의 폭을 넓혀갈 수 있다. 나밖에 모르는 좁은 마음에서 남과 함께하는 큰마음이 될 수도 있다. 사진을 없앤다는 건 마음을 닦는 것이다. 사진이 없어지는 만큼 원래 내 안에 있던 진짜 내 모습 찾게 된다.

자기 이해 연습 3

착시현상 – 사람의 눈은 믿을 수 없다

1. 아래 그림은 독일 잡지에 실린 것이다. 미국 심리학자 자스트로우_{Jastrow}
   가 이 그림을 인용했고, 학자 비트겐슈타인이 자신의 저서《철학적 탐
   구》에서 자스트로우를 언급하면서 유명해졌다.
   보기에 따라 오리 또는 토끼로 보인다. 사람마다 보는 시각이 다를 수 있
   다는 것, 내가 본 것만 맞다고 주장할 수 없다는 걸 깨닫게 된다.

2. 아래 그림은 '뮐러 라이어 착시Müller-Lyer Illusion'다. 꼭 같은 길이의 선
   이지만 길이가 달라 보인다. 그다음 그림은 '카페 벽 착시Cafe Wall Illusion'
   다. 평행으로 잇는 수평선이 기울어져 보이고 선이 꿈틀거린다. 눈(뇌)
   에 근거한 우리의 판단에 얼마나 큰 오류가 있는지를 알 수 있다.

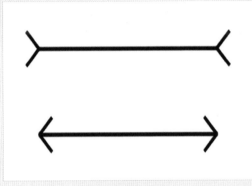

뮐러 라이어 착시

카페 벽 착시

3. '마하 밴드Mach Bands'는 오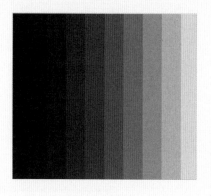
   스트리아의 물리학자이며 철
   학자인 에른스트 마하Ernst
   Mach가 명명했다. 무채색의
   회색 띠를 밝기 순으로 배열
   하면 밝은 곳과 접한 부위는
   더 어둡게 보인다. 어두운 곳
   과 접한 부분은 더 밝게 보인
   다. 측면억제라는 신경활동에 의해 나타나는 착시현상이다.

4. 착시현상으로 너무나 잘 알려진 그림이다. 1930년 미국의 심리학자 에
   드윈 보링Edwin Boring이 발표한 논문에서 이 그림을 소개하면서 유명해
   지기 시작했다. 이 그림은 보는 사람에 따라 할머니 또는 젊은 여성이 보

   인다. 이 그림에서도 역시 할
   머니와 젊은 여성을 동시에
   볼 수는 없다. 보고 싶은 것
   만 보는 것이 사람이다. 그러
   니 일상에서도 내가 본 것만
   맞는다고 주장할 수 없는 것
   이다.

네 번째 수업
내 삶을 바꿔놓은 마음빼기 명상

◆ 자기 돌아보기와 마음빼기 명상

명상 수업에서 실행한 명상은 모두 마음빼기 명상 입문 과정에 해당하는 내용으로 구성돼 있다. 특히 2011년 가을 학기 '지금이 내 인생의 터닝 포인트!' 수업은 첫 학기라 학생들이 갖고 있는 마음, 생각의 본질을 관점이나 시각의 차이를 통해 알게 해주려고 많은 시간을 할애했다. 물론 매 수업 짧은 시간이나마 자기 돌아보기와 마음빼기 명상을 실행했다.

2012년 봄 학기에는 '인간 본성 탐구 및 인간 본성 회복'이라는 강의 제목으로 인간의 마음과 본성에 대해 이해하고, 관념·관습과 스트레스에서 벗어나기 위한 빼기 명상에 더 큰 주안점을 두었다. 학생들의 요청에 따라 명상의 비중이 더욱 커졌다.

수업에 맞게 커리큘럼을 구성한 것이어서, 명상 시간은 매우 짧은 편에 속했다. 3학점 수업으로 1시간 15분씩, 일주일에 2번, 15주 동안 진행됐다. 중간시험, 기말시험 기간을 빼면 약 12주였다. 중간시험 이후에는 15분에서 30분 동안 명상을 진행했다. 2018년 교양 수업 '내 인생의 목표를 이루는 방법, 명상'에서는 총 10주 동안 진행했다. 약식으로 진행된 명상이었는데도 불구하고 학생들은 빼기의 효과를 경험했다. 명상실이 아닌 강의실에서 명상을 했지만 학생들이 잘 따라와주었다. 눈을 감기도 하고 눈을 뜨기도 하고 엎드려 자는 것처럼 보이는 학생도 있었다. 그러면서도 명상에 집중해주었다.

♦ 마음빼기 명상의 원리

마음빼기를 하기 위해서는 먼저 돌아보는 과정이 필요하다. 어린 시절부터 생각나는 대로 시간 순으로 회상해보게 했다. 가장 먼저 떠오르는 최초의 기억부터 지금까지 살면서 보고 듣고 경험한 일, 만났던 사람들, 마음에 남았던 일들을 떠올린다. 너무 오래되어서 생각이 나지 않아도 괜찮고 희미해도 상관없다. 그렇게 현재까지 돌아보도록 했다.

사람은 태어나면서부터 자신이 보고 듣고 경험한 것을 자기 마음에 담는다. 그것은 사진처럼 뇌에 저장된다. 이미 지나간 과거인데 내 마음에만 저장되어 있다. 이 가짜 사진을 버리는 것이 바로 빼기 명상이다.

1. 사람의 마음이 형성되는 원리는 사진기의 원리와 같다.

2. 사진기로 사물을 찍으면 사진이 남듯이 사람은 눈, 코, 입, 귀, 온몸으로 경험한 것을 모두 사진 찍어 마음속에 저장한다.

3. 지금 눈을 감고 꽃을 떠올려보면 잘 떠오를 것이다. 그것이 내 마음속에 저장된 사진이다. 이 사진은 버리면 없어진다. 예를 들어 떠오른 꽃(사진)을 쓰레기통에 버리면 없어지는 것과 같은 이치다.

4. 버리는 방법은 7단계로 마음을 버리는 단계, 뿌리 깊은 습관을 버리는 단계, 마음 세계를 없애는 단계로 크게 구분할 수 있다.

5. 어릴 적부터 보았던 가족들의 모습, 친구와 싸웠던 일, 첫사랑의 추억, 스트레스와 걱정, 힘들었던 모든 순간도 내 마음에 저장된 사진이다. 이 마음의 사진들이 나를 힘들게 한다. 버리지 않는 한, 평생 마음 세상 속에서 벗어나지 못하고 살아간다.

마음수련 명상은 빼기를 통해 가짜 마음을 버리는 것이다. 빼기 명상은 내 속에 있는 것을 버리는 방법이며, 실제로 마음이 비워진다. 흙탕물이 가라앉아 있으면 그 순간은 물이 맑아 보이지만 흔들면 다시 더러워지듯이 마음도 마찬가지다. 물도 흙도 모두 비워져야 깨끗한 새 물을 담을 수 있다. 내 속에 있는 모든 것을 버리면 나의 진짜 모습을 되찾을 수 있다. 나마저도 버리면 본성 자체만 남는다.[2]

내 인생을 회상해보는 것은 영화 한 편을 보는 것과 같다. 짧은 단막극일 수도 있고, 대하드라마일 수도 있다. 이 영화의 주인공은 바로 자신이다. 만든 사람도, 관객도 나다. 꾸밀 것도 없고 척할 것도 없다. 남들은 절대 볼 수가 없다. 내가 만든 나만의 마음 세계이기 때문이다. 영화를 대충 보기만 해도 나의 지나간 삶은 화석처럼 연대기가 잘 남아 있다는 것을 알 수 있다. 사람이 살면서 지나간 흔적은 꽤 깊게 새겨져 있다.

내 안에 드라마 한 편이 저장되어 있음을 알았다고 해서 내 모습을 다 알게 되는 것은 아니다. 글을 읽는 것과 글의 뜻을 아는 것은 거리가 있다. 사진이 처음에는 잘 떠오르지 않을 수도 있다. 다 잊고 살고 싶은 순간이 있고, 기억도 하기 싫은 순간들이 있다. 그러나 그 사진들은 허상이어서 방법대로 떠올려 버리다 보면 없어진다. 하나하나 마음이 버려질 때의 편안함과 행복은 버려본 사람만이 안다.

자기 이해 연습 4

영화로 보는 마음 세계

삶을 한 편의 영화라 표현하듯이, 영화는 우리가 살아가는 세상의 축소판이라고 할 수 있다. 픽션이든 논픽션이든 누군가의 삶을 그린 영화를 통해 우리의 마음 세계가 어떠한지를 객관적으로 바라볼 수 있다. 어린 시절의 기억이 삶에 어떤 영향을 미치는가에 대해 생각해볼 수 있는 영화로 〈킹스 스피치〉를 추천한다. 수업에서 학생들과 함께 본 영화다. 어릴 때부터 가지고 있던 생각이나 사고와 습관에 얼마나 매여 살고 있는지 돌아볼 수 있다.

영화의 줄거리는 이렇다. 〈킹스 스피치〉는 현 엘리자베스 영국 여왕의 아버지, 조지 6세의 실제 이야기다. 조지 6세(콜린 퍼스 역할)는 심한 말더듬증을 갖고 있었다. 언어 치료사인 라이오넬은 "태어날 때부터 말을 더듬는 사람은 없다"라며, 어린 시절을 돌아보게 한다. 조지 6세는 어린 시절 유모의 학대를 받았고, 왼손잡이를 고치느라 무섭게 혼나야 했고, 안짱다리를 고치기 위해 철로 된 부목을 밤낮으로 다리에 묶은 채 고통받아야 했다. 자신은 원래 말을 더듬지 않았다는 걸 스스로 확신하게 되면서 조지 6세의 치료는 시작된다. 어린 시절의 트라우마가 해소된 조지 6세는 2차 세계대전 당시 히틀러에 맞서 전쟁을 선포하는 첫 연설을 훌륭하게 해내게 된다.

다섯 번째 수업
마음빼기 명상이 가져온 변화들

◇
◆

♦ 좋은 추억도 버려야 하는 이유

마음을 비운다, 마음을 버린다, 마음을 닦는다…. 마음을 수식하는 동사가 참 많다. 그런데 '마음'이 무엇인지 정확히 아는 사람은 드물다. 지나온 삶의 사진이 마음이고, 그 사진이 스트레스다. 사람은 누구나 마음이 있다. 그 마음이 때로는 기뻐서 들뜨다가 고요해지기도 하고 분이 넘쳐 폭발하다가 가라앉기도 한다. 때로는 포기하고 마음을 접기도 한다. 마음을 가라앉히고 접는 것은 비운 게 아니다. 마음을 버린다는 것은 마음을 빼는 것이고, 그래야 비로소 마음을 닦았다고 말할 수 있다.

좋은 추억은 고이 간직해도 되지 않을까 생각하는 사람이 있을 수 있다. 카이스트 수업 당시, 그 점을 질문하는 학생들이 여럿 있었다. 만약 좋은 추억을 버리기 아깝다고 느낀다면 내 마음의 집착이 그만큼 크다는 방증이다.

수업 당시 한 학생은 어릴 때 칭찬받았던 일들이 지금은 스트레스라고 했다. 지금도 잘하고 있지만 예전보다 칭찬을 받지 못해서 스트레스가 된다는 것이다. 행복의 기준이 과거에 맞춰 있기에 현재의 행복을 누리지 못하는 것이다.

▷ ▷ 지난 3년간의 대학 생활을 돌이켜보면 스트레스의 연속이었습니다. 하지만 이번에 명상 수업을 들으면서 지난 3년과는 조금 다른 느낌이 들었습니다. 평소에 앞만 보며 정신없이 달려왔는데 강의 시간에 명상을 배우는 동안 여유가 생기고 마음이 가벼워졌습니다. 특히 어릴 때 학교에서 상을 받거나 선생님께 칭찬받았던 기억들이 간혹 떠올랐는데 그 일들이 지금 저의 스트레스의 근원이 되었다는 걸 깨달았습니다. 예전에는 항상 잘해왔고 칭찬을 받았지만 지금은 그렇지 않다는 사실이 저 자신에게 잘해야 한다는 부담감을 주었습니다. 그래서 강의 시간에 명상을 할 때 그러한 기억을 버리려고 했습니다. 결과적으로 좀 더 편안한 마음을 가질 수 있었습니다. 잘했던 기억을 버리니 지금의 저와 비교할 대상이 사라졌고 꼭 더 나은 결과를 얻어야겠다는 부담감을 덜어낼 수 있었습니다. 또 그 순간 최선을 다했다면 결과를 보았을 때 불만을 갖거나 스트레스를 받는 일이 줄어들었습니다. (박상현)

'마음'을 정확히 알면 뺄 수 있다. 내 안에 사진을 갖고 있으면 그 사진이 시키는 대로 살게 된다. 그 사진들을 없애면 그때야 비로소 내 삶을 살 수가 있다. 내가 '원하는 나'와 '현재의 나' 사이에는 차이가 있다. 이 차이에서 나 자신에 대한 불만족과 세상에 대한 원망이 생긴다. 이 차이가 스트레스이고 마음의 짐이 된다. 이 사진이 없을 때, 내가 내 삶의 주인이 되어서 살게 된다. 행동이 능동적으로 바뀌고 사고도 긍정적으로 변화한다.

마음의 짐인 스트레스가 있으면 업무 능률은 떨어지고 건강도 나빠진다. 상상해보자. 뇌 안에는 많은 신경이 있고 척추와 연결된 신경들이 내장 기관에 촘촘히 퍼져 있다. 뇌에 '가짜 사진'들이 박혀 있으면 뇌의 피로도가 높아지고 작동이 원활하지 않게 되며 건강에도 영향을 미친다. 복잡한 마음과 생각이 끓어오르니 당연한 결과다. 그러나 '사진'이 빠지면 마치 걸림돌을 치우면 시냇물이 잘 흐르듯, 신경계의 순환이 잘 되고 건강해진다. 소위 '기혈'이 저절로 풀리는 것이다.

마음을 뺀다는 것은 '스트레스'를 빼는 것이다. 스트레스의 원인을 없애 마음의 짐을 덜어주는 것이다. 스트레스가 없어지면 얼굴이 환해지고 맑아진다. 마음을 빼면 몸의 순환뿐 아니라, 직장과 가정에서도 소통이 잘 이루어진다. 통상 자기가 경험해서 찍은 사진들을 바탕으로 자기주장을 펼치게 마련이다. 이 사진들이 빠지면 내 주장보다는 상대의 이야기를 경청하게 되고, 남을 배려할 수 있게 된다.

이순신 장군의 어록 중에 '죽고자 하면 살고, 살고자 하면 죽는다

必死則生 必生則死'라는 유명한 말이 있다. 이는 적과의 전쟁뿐 아니라 '나와의 전쟁'에서도 해당한다. 내 안의 사진들을 버리는 것은 내 안에 남아 있는 '예전의 나'를 버리는 것이다. 과거의 내가 죽는 것이다. '가짜 나'를 버리면 '진짜 나'는 살고, '가짜 나'로 살고자 하면 '진짜 나'는 죽는 것이다. 마음의 사진은 가짜이고 살아 있지도 않은 것이다. 쓰레기가 가득 차 숨조차 쉴 수 없는 방에서는 살 수 없듯이, 살기 위해 사진이라는 마음의 쓰레기를 빼야 한다.

♦ 마음빼기 명상 후 깨닫게 된 것들

명상의 자기 돌아보기는 본격적인 성찰이다. 몇 차례의 명상 수업을 통해 자기가 살아온 삶을 돌아본 학생들은 그 과정을 통해 자신에 대해 스스로 깨닫고 느낀 점들을 솔직하게 적어냈다.

한 여학생은 자신이 사람들에게 무관심한 원인을 찾아냈다고 한다. 자신은 기숙사가 있는 고등학교에서 생활하다 보니 같은 시간에 밥을 먹고 같은 수업을 듣는 만큼 학생들끼리 의존할 수밖에 없었고, 지나치게 허물없는 사이가 되면서 그 관계가 오히려 스트레스가 되었다는 것이다. 자신에 관한 이야기가 친구들 사이에 오르내리는 것이 힘들어지면서 대학에 와서는 아예 사람들에게 관심을 끊어버리게 된 것 같았다고 했다. 그 때문에 대학에서는 친구들을 사귀지 못했지만 앞으로는 노력해보겠다고 했다.

또 한 남학생은 평소 자신의 말투가 직설적인 것을 고쳐보고 싶었는데, 명상 수업을 들으며 그 나쁜 습관의 원인을 찾게 되었다고도 했다. 8살쯤 위인전을 읽으며, 왕의 잘못을 지적하는 신하의 모습에 감명을 받았고, 그 어린 나이에 자신도 불의를 보면 참지 않고 솔직하게 말하겠노라 결심했다는 것이다. 돌이켜 생각해보면 어린 시절의 결심이 평생의 말 습관을 갖게 했다는 것이 어이가 없다고도 했다.

다음은 마음빼기 명상 후 실제 학생들의 소감문 몇 개를 소개해본다.

▷ ▷ 제게 가장 큰 변화를 만들어준 건 저의 과거 모습과 기억을 떠올리고 그것들을 하나씩 버려가는 활동이었습니다. 나쁜 기억 외에도 좋았던 기억까지 마음에서 버릴 수 있도록 노력해보라는 교수님의 말씀은 신선한 충격이었습니다. 마음속의 걱정과 불안도 잘 버리지 못했던 저였지만 수업 시간만이라도 이를 버리고 저의 참모습을 보려고 노력했습니다. 덕분에 카이스트에서 생활하면서, 또 20살이 되면서 가졌던 고민들과 스트레스로 인해 항상 걱정하고 불안해하던 제 마음이 조금은 편안해졌습니다. (이윤혁)

▷ ▷ 명상을 하며 제가 살아온 삶을 돌아보니, 정말로 자기중심적으로 살아왔다는 것을 알 수 있었습니다. 이렇게 삶을 돌아보는 기회를 통해 제가 마음의 사진 속에서 살아왔고, 그래서 항상 자기중심적으로 생각

하고 행동할 수밖에 없었다는 것을 알 수 있었습니다. 가족들과 문제가 생길 때도, 여자친구와 의견 차이로 싸울 때도 모두 제 중심적인 입장에서 사람들을 대하니 당연히 문제가 생길 수밖에 없었던 것입니다. 신기하게도 마음의 사진을 버릴수록 그 당시 제가 어떤 마음으로 상대를 대했는지를 더 명확히 알 수 있었고, 제 입장에서 조금씩 벗어날 수 있었습니다. 이렇게 마음을 버리는 방법이 있다는 것이 정말로 다행이라는 생각이 들었습니다. (이동규)

▷ ▷ 이번 강의로 인한 가장 큰 변화는 스스로 킥복싱을 다니게 된 것입니다. 어렸을 때 운동을 잘 못하던 기억과, 친구들과 놀 때 항상 제 실수로 제가 속한 팀이 지던 기억이 떠올라 운동에 대한 거부감이 잘 사라지지 않았던 것 같습니다. 하지만 강의를 들으며 과거의 기억을 버리고 새로운 자신감을 찾게 되었습니다. 그래서 제가 생각할 수 있는 가장 동적인 운동인 킥복싱 도장에 등록하게 되었습니다. 운동에 대한 것뿐만 아니라 학업적인 부분에서도 시험에서 실수한 기억들, 시험 점수가 낮았던 기억들 때문에 공부에 대해 스스로 한계를 만들어놓았던 것 같습니다. 앞으로 많은 연습을 해서 시험과 공부에 대한 두려운 기억들을 버림으로써 더 큰 학업적인 성취가 가능하도록 노력할 것입니다. (박현성)

▷ ▷ 예전에 크게 혼났던 기억이나 실수로 인해 망신당했던 기억이 여태까지 저를 옭아매고 두려움에서 벗어나지 못하게 잡고 있었다는 사

실을 알게 되었습니다. 이를 알게 된 이후부터는 자신감이 늘면서 큰 힘을 얻을 수 있었습니다. 변화 한 가지를 더 꼽자면 남들과의 관계에 얽매여서 일을 그르치는 것이 없게 되었습니다. 예전부터 모든 사람의 마음에 들고 싶어서 이 사람 저 사람 말에 모두 귀를 기울이다 보니 정작 저에게 시간을 쓰기도 어려워지고 남에게 희생한 적이 많았는데, 마음을 놓고 버리는 방법을 알게 된 이후로 다른 사람의 시선을 많이 신경 쓰지 않게 되었습니다. 제가 이 강의를 통해 얻은 것을 한마디로 정리하자면 자신감입니다. (양태호)

▷ ▷ 제 삶을 이렇게까지 바꿔놓은 수업이 지금까지 있었나 싶습니다. 주변의 것들을 없애고 저를 헷갈리게 하는 것들을 없애니 새로운 제가 보였습니다. 저는 더 이상 스스로를 속이려 들지 않았습니다. 어떤 일을 하고 싶은데 몸이 따라주지 않는 경우가 결국 하루를 돌아볼 때 후회를 만듭니다. 명상을 시작하고 나서는 그 원인을 확실히 알게 되었습니다. 버려가다 보니 제가 원하는 것들을 그때그때 실행할 수 있는, 말하자면 후회 없는 삶을 살 수 있게 되었습니다. 일찍 일어나서 책을 읽고 싶다면 아침에 벌떡 일어났고, 혼자서 할 일이 없어 매일 휴대전화만 보던 시간을 수영이나 독서 등 평소 제가 하고 싶었지만 하지 않았던 일들로 채워나갔습니다. 정말 뿌듯하고 알차고 행복한 삶을 살았습니다. 살면서 이렇게까지 저를 바꿨던 시기가 있었나 싶습니다. (신치홍)

신치홍 학생은 현재 뇌과학 박사과정을 하고 있다. 4년 전, 현실에 휘둘리는 느낌과 할 일이 있는데도 자신의 의지대로 안 되는 상태가 싫고, 알 수 없는 답답함이 있었다고 한다. 변화하고 싶다는 생각에서 명상 수업을 신청했고, 명상 수업이 끝나고 방으로 돌아가던 어느 날, 순간 자유로워졌다는 느낌이 딱 들었다고 한다.

"실제 행동까지 변화로 이어진 건 이 수업이 처음이었던 거 같아요. 확실히 변했어요."

잠깐이라도 성찰을 해본 학생들은 솔직하게 자신을 내려놓을 수 있는 용기도 경험한다. '수업을 통해 알게 된 나의 흔적'에 대해 쓰라는 과제를 내주었을 때 학생들은 자신의 삶을 솔직하고 덤덤하게 써 내려갔다. 그리고 그렇게 돌아본 기억들을 하나하나 버려나갔다. 그 이야기는 세대는 다르지만 나와 동시대를 함께 살아가고 있는 학생들의 마음과 고민을 이해하고 공감하는 데 큰 도움을 주었다.

마음빼기 명상을 위한

자기 이해 연습 5

자화상 – 나는 나를 얼마나 알고 있을까

거울을 들여다보면서 자신의 내면에 관해 서술할 수 있다면, 이미 돌아볼 준비가 된 사람일 것이다. '내가 생각하는 나'와 '남이 생각하는 나' 사이에는 차이가 있다. 자기의 내면을 돌아보는 것이 성찰이다.

거울을 보고 내가 어떤 사람인지 객관적으로 서술해본다.

1. 내가 생각하는 나는 어떤 사람인가?
2. 다른 사람들은 나를 어떤 사람이라 생각할까?
3. 내가 정말 버리고 싶은 마음은 무엇일까? 그 이유는?

거울을 든 철학자
(후세페 데 리베라Jusepe de Ribera 작품, 1600~1652)

여섯 번째 수업

철학과 명상의 만남

◆ 노벨박물관 카페에서 철학의 화두를 만나다

스웨덴 스톡홀름 노벨박물관 1층에는 카페가 있다. 그 카페에서 가장 유명한 건 노벨상 시상식 만찬 가장 마지막에 나온다는 아이스크림인데 맛도 좋다. 스톡홀름에 출장 갈 때마다 그곳에 들르는 또 다른 이유가 있다. 십여 년 전, 그 카페에 처음 갔을 때 발견한 벽면의 명구 때문이다.

"Born Originals, how comes it to pass that, we die copies?"

원본으로 태어나 왜 복사판으로 죽느냐는 말이었다. 나는 한동안 그 문구에서 눈을 떼지 못했다. 우리는 본래 고유한 존재인데, 왜 복사판으로 죽는가. 이 말을 쓴 사람은 어떤 생각이었을까, 세상의 수많은 명구 중에서 이 말을 찾아낸 사람은 무슨 의미를 전하기 위해서였을까….

명상을 하며 가짜인 인간의 마음을 버리고 있던 내게 이 문구는 강렬하게 다가왔다. 사람은 부모, 조상의 유전자를 받아 태어난다. 그러니 태어날 때부터 복사판인 셈이다. 살면서 경험한 것들을 오감으로 사진 찍어(복사) 자기 안에 쌓아놓으면 죽을 때도 가짜로 죽을 수밖에 없다. 그 안타까움이 담겨 있는 것으로 느껴졌다.

이 글을 쓴 에드워드 영Edward Young은 18세기 영국 시인이었다. 당시에 이 글은 왜 다른 작품을 모방하느냐는, 창작과 모방에 관한 의미였던 것 같다.[3] 그러나 250여 년의 시간을 지나 화두가 되어 나에게 다가온 것이다. 수업 시간에 이 문구를 소개하면 학생들도 아주 진지해졌다.

앞에서도 서술했듯이, 우리는 태어나면서부터 계속 사진을 찍는다. 이 책을 읽는 동안 한 번이라도 자기를 돌아보았다면 살면서 찍은 기억의 사진들이 내가 되어 살고 있음을 알 수 있다. 내 안에는 복사한 사진들로 꽉 차 있다. 그렇다면 '나라는 존재는 무엇인가'라는 질문을 하게 된다. '나는 누구이며, 나를 둘러싼 세상을 어떻게 인식하고 있는가'는 철학의 오랜 화두였다. 삶의 본질과 근원에 가까워지려는 인류의 노력이 나는 철학의 시작이라고 생각한다.

♦ 칸트, 인간은 사물을 있는 그대로 보지 못한다

나는 철학에 문외한이다. 내가 철학에 관심을 갖게 된 것은 명상을 하고 나서 우연히 칸트 철학을 접하면서였다. 칸트 철학은 '인간은 사물을 있는 그대로 볼 수 없다'는 데서 출발한다. 이 글을 읽었을 때 놀라움을 느꼈다. 마음수련 명상의 출발점도 같기 때문이다. 인간은 각자 자기 마음 세상에 살면서 이 세상에 산다고 착각한다.

칸트는 '외부 물체의 본질'에 대해서는 인간이 알 수가 없으므로 의미가 없고, '인간이 이 물체를 어떻게 인식하는가'가 중요하다고 보았다. 다시 말하면 칸트는 진리가 외부에 있는 것이 아니고 '진리는 내부에 있다'라고 한 것이다.

진리의 기준이 '외부 세상(物物 자체, The thing-in-itself)'에서 '내부의 인식 문제(현상)'라고 규정한 것은 철학의 대전환이었다. 칸트는 본인의 철학을 '코페르니쿠스적 전환'으로 스스로 규정했다. 코페르니쿠스가 이전의 천동설을 뒤집고 지동설로 관점을 바꾸면서 많은 문제가 해결되었듯이, 칸트도 철학의 관점을 혁명적으로 바꾼 것이기 때문이다.[4]

칸트는 우리가 인식한다는 것은 외부 세상을 보는 감각기관과 우리 내부의 인식체계가 결합해야 가능하다고 했다. 즉 우리가 안다고 하는 건 우리의 마음이 외부 세상의 정보를 순서에 맞게 처리한 것이다. 칸트는 인간의 이성이 지닌 한계를 지적했다. 인간이 대상을 있는 그대로 인식하는 것이 아니라, 인간의 인식이 대상의 관념을 만들어낸다는 것이다. 세계는 나의 인식으로 나타난 현상에 지나지 않으며 우리는 결코 사물 그 자체를 알 수 없다고 했다.

이와 같은 칸트의 인식론은 쇼펜하우어와 비트겐슈타인을 비롯해 수많은 근현대 철학자들에게 영향을 미쳤다.

♦ 쇼펜하우어, 세계는 내가 만든 표상

세상을 있는 그대로 알 수 없다고 한 것은 쇼펜하우어도 마찬가지다. 그는 "세계는 나의 표상이다"라는 말로 시작하는《의지와 표상으로서의 세계》에서 세상은 우리의 주관에 의해 구성된 세계, 즉 현상 또는 표상Vorstellung의 세계라 하였다.[5] 이렇게 구성된 세계는 근원적인 세계가 아니라고 했다. 칸트와 마찬가지로 '우리 주관이 세상을 구성했다'라고 이야기한다.

그가 말하는 의지Wille는 천체 그리고 자연 의지를 포괄한다. 칸트가 이야기하는 우리가 모르는 외부, '물 자체'다. 표상은 마음 밖의 물질과 대상에 대해 가지는 상像을 말한다. 인간이 신체의 오감을 통해 사물을 인식하듯이, 우리가 보는 세계는 오감을 통해 두뇌가 해석하고 받아들인 것이다. 쇼펜하우어는 이것을 표상이라고 했다. 표상은 어떤 실재적인 것이 아니라, 인간의 직관과 사고에 의한 것이기 때문에 모든 인간은 자기만의 세계를 가진다. 세계는 나를 통해서만 표상되기 때문이다. 바꾸어 말하면, '표상'은 살면서 세상을 사진 찍어 마음에 저장한 사진인 것이다.

인간을 포함한 만물은 생존의 의지, 삶의 의지를 갖고 있으며 인간의 의지는 충동적이다. 삶이 고통스러운 이유는 인간의 의지가 끊임없이 목적을 찾아 방황하고 충돌하기 때문이다. 쇼펜하우어에게 세상은 고통으로 가득한 세계였다. 욕망이 채워지지 않으면 결핍을 느껴 고통에 빠지고, 욕망이 채워지면 권태로 고통스러운 존재가 인간이다. 그러나 지나친 기쁨과 고통의 밑바닥에는 언제나 오류와 망상이 자리하고 있으며, 이 두 가지 긴장은 통찰에 의해 피할 수 있다고 했다.

쇼펜하우어는 시간과 공간 그리고 인과성에 얽매인 인식(마음)으로는 평생을 살아간다 해도 영원한 진리는 깨닫지 못할 것이라고 했다. 진리는 함부로 주어지는 것이 아니라고도 했다. 개개인의 의지의 충돌로 고통받고 끊임없이 갈등하는 것이 인간이라는 쇼펜하우어의 해석대로, 그의 삶 역시 고통스러웠다. 그는 이 고통에서 벗어나도록 해주는 건 금욕, 도덕적 행위, 예술의 관조, 철학이며 동양사상에서 궁극적인 방법을 찾으려고 했다.

의지와 표상의 세계에서 인간은 행복할 수 없고 삶은 의미가 없다는 그의 해석과 의지 이론은 예술가와 문학가들에게는 물론, 철학과 심리학에도 큰 영향을 끼쳤다.

♦ 항공우주공학도에서 철학자로 비트겐슈타인의 삶

카이스트에서 명상 수업을 할 때 철학 특강을 해주셨던 박우석 교수님은 논리학 중에서도 비트겐슈타인 전공이셨다. 20세기의 대표적인 철학자로 불리는 비트겐슈타인 역시 쇼펜하우어의 영향을 받았다. 비트겐슈타인은 철학이 어려워진 이유를 '언어' 때문이라고 규정지었다. 결국 모든 것은 언어로 표현되기 때문이다. 그는 '이성 중심'의 철학을 '언어 중심'의 철학으로 전환하면서도, 그 언어의 한계도 분명히 했다.

비트겐슈타인이 젊은 시절, 항공우주공학도였다는 사실은 당시 학생들에게 큰 감동과 영감을 주었다. 나에게도 마찬가지였다. 스무 살에 제트엔진에 대한 특허를 내고 프로펠러를 설계하며 수학을 공부하다가 순수수학을 접하고, 철학에 사로잡혔던 비트겐슈타인은 삶 속에서 철학을 실천하려고 노력했던 철학자다. 박우석 교수님의 짧은 특강이 아쉽게 끝난 뒤, 나는 비트겐슈타인의 저작들을 찾아보게 되면서 그의 삶에 관심을 갖게 되었다. 그가 자기 삶 속에서 얼마나 진실하려 애썼는지, 그 생애는 그가 이룬 학문적 성과보다 더 큰 의미로 나에게 다가왔다. 참된 것, 진리를 찾으려 애썼으나 행복하지 못했던 삶이었다.

비트겐슈타인은 피오르 낭떠러지 중턱의 오두막집에서 혼자 살았다. 그는 구도자였다. 러셀에게 쓴 편지는 그가 어떤 마음으로 논리학에 몰두했는지를 짐작하게 한다.

"저의 하루는 논리, 휘파람, 산책 그리고 우수 사이에서 끊임없이 흔들리고 있습니다. 저는 신에게, 좀 더 이해력을 갖고 모든 것을 궁극적으로 밝힐 수 있기를 바랍니다. 그게 안 된다면 저는 더 이상 살지 않겠습니다…. 정신적인 고뇌가 일어난다는 것은 말할 수 없이 무섭습니다. 이틀이 지난 뒤에 저는 가까스로 환영의 웅성거림에서 다시 한 번 이성의 목소리를 가려내게 되어 또다시 일을 시작했습니다…. 스스로 아직 인간이 아닌데, 대체 어떻게 제가 논리학자일 수 있겠습니까! 무엇보다도 저는 자기 자신을 순수하게 만들어야 합니다!"[6]

그는 1914년 1차 세계대전이 일어나자마자 지원병으로 입대했다. 20세기를 흔든《논리철학 논고》는 전쟁터에서 쓴 것이다. 그는 격전의 한가운데에서 일기를 썼다.

"나는 신과 인생의 목적에 대하여 무엇을 아는 것일까?"

그는 포로수용소에서《논리철학 논고》를 완성했고, 철학이 할 일을 끝냈다고 생각했다. 1919년 석방되어 빈으로 돌아와 철강부호였던 부친이 물려준 어마어마한 유산을 한 푼도 남기지 않고 형제들에게 나누어주고 일부는 가난한 예술가들에게 기부했다. 정작 자신은 수도사보다 더 청빈하게 살았다. 그는 자신의 학문적 업적이었던《논리철학 논고》에 오류가 있음을 인정하고,《철학적 고찰》의 초고를 완성한다. 비트겐슈타인은 60세에 암 선고를 받고 오히려 기뻐했다고 한다. 62세에 삶을 마감한 그의 묘비에는 이름과 태어난 해, 죽은 해만 기록되어 있다.

비트겐슈타인은 철학은 해야 하지만 사람들이 철학자가 되는 것은 말렸다고 한다. 그만큼 고통스러웠던 것이다. 진리는 인간의 생각 속에 있는 것도 아니었다. 모든 철학자는 인간이 주관을 벗어나지 못한다는 것을 오래전부터 말하고 있었다. 그렇게 명징하게 보고자 했던 세계가 버릴 수 있는 허상임을 알았다면 그는 어땠을까. 절벽 가운데 오두막집에서 괴로워했던 그 모든 것이 버릴 수 있는 것이고 버려야 하는 마음 세계임을 알았다면, 그 모든 짐을 벗을 수 있음을 알았다면 그는 어땠을까. 인간의 마음을 버리면 날개를 달지 않아도 자유롭다는 것을 그가 알았다면 얼마나 기뻐했을까 하는 안타까움이 있었다. 마음을 버릴 수 있다는 것이 얼마나 대단한 것인지를 다시금 느끼게 된다.

인간과 세상의 본질을 통찰하려는 철학자들의 노력에도 불구하고 결국 사람들은 자신의 생각과 신념을 고수하며, 서로 다른 이야기를 한다. 앤디 클라크Andy Clark 영국 에든버러대학교 철학과 교수는 사람의 뇌가 인식하는 현상은 실제와 차이가 있으며, 뇌는 끊임없이 이런 차이를 줄이기 위해 노력한다는 뇌과학적인 시각으로 인간의 인식과 실제의 차이를 설명했다.[7]

명상을 통해 사진으로 찍힌 주관적 세계를 돌아볼 때에야 비로소 인식과 실제의 차이가 허상 때문이라는 인식에 도달할 수 있지 않을까. 철학이 질문을 던지는 인간 본질에 대한 해답은 생각을 더하는 것이 아니라 뺄 때 얻을 수 있는 것이리라 생각해본다.

철학과 명상에 대한 수업을 들은 후 한 남학생은 "'사람은 태어날 때는 원본이지만 죽을 때는 복사본이다'라는 문구가 수업 내내 가장 인상적이었고, 점점 복사판으로 관념에 사로잡힌 채 살아가고 있었던 자신에게 많은 것을 느끼게 해준 수업이었다"라고 소감을 남기기도 했다.

다음은 역시 이 수업을 들은 한 학생의 소감문을 발췌한 것이다.

▷ ▷ 제 과거부터 현재에 이르기까지 순서대로 돌아보고 우리 마음을 지배하는 여러 요소에 대해서 생각해보았습니다. 철학, 심리학, 뇌에 관한 연구 측면에서 저를 돌아보는 계기가 되었습니다. 비로소 저의 복사본, 저의 과거를 버릴 수 있는 발판을 다지게 되었습니다. (박이경)

자기 이해 연습 6

나의 페르소나 알기

최근까지 부캐라는 말과 함께 페르소나라는 말도 많이 쓰이고 있다. 페르소나
는 자신의 본성 위에 덧씌워진 인격을 말하는 것으로 진정한 자신은 아니다.
우리는 자신을 지키고 싶을 때 가면을 쓴다. 아이들의 경우 자신이 거부당
했다고 느낀 순간부터 '도피를 위한' 가면을 만들기 시작한다고 한다. 거부
당한 괴로움에서 벗어나기 위해 만들어낸 새로운 '인격'인 셈이다. 말썽도
부리지 않고 말 잘 듣는 소위 '착한 아이'가 되는 이유다.

페르소나에 대한 젊은 세대의 관
심은 내면의 진정한 자신을 찾아
가고픈 바람을 말해준다. 나의 페
르소나는 어떤 것인가 생각해본
다. 가족이나 사람들에게 보이는
내 모습, 그렇게 보이고 싶어서 써
왔던 가면은 어떤 것인가.

겨울과 여름(바츨라프 홀라Wenceslaus Hollar 작품, 1643)

일곱 번째 수업

뇌과학과 명상

◆ 뇌의 정보는 과거의 총합이다

사람은 얼마나 많은 생각을 하고 살까. 아침에 눈을 뜨면서부터 밤에 잠이 들기까지 헤아릴 수도 없이 많은 생각을 한다. 스트레스가 많으면 잠자리에 누워서도 생각이 끊이지 않아 쉽게 잠들 수가 없다. 캐나다 퀸스대학교 조던 포팽크 박사팀이 뇌 영상을 분석했다. 생각이 끝나고 또 새로운 생각이 시작하는 것을 측정한 것이다. 그 결과 1분마다 평균 6.5번 생각의 전환이 일어나는 걸 확인했다.[8] 하루 수면시간을 8시간으로 전제하고 실험 결과를 확대하면, 하루 평균 6,200번의 생각이 뇌에서 일어난다고 추정할 수 있다.

미국 국립과학재단도 사람의 생각을 조사했다. 보통 사람들은 하루에 많게는 6만 가지 생각을 하고 살며, 그중 80%는 부정적인 생각이고 95%는 전날 했던 생각의 반복이라고 했다. 현재 일어나는 생각도 사실은 과거의 '기억된 사진'을 반복한 것이라는 말과 같다.

인공지능 분야를 최초로 개척한 미국의 원로 과학자 마빈 민스키 박사는 저서 《마음의 사회》에서 "우리는 보통 의식이라고 하면 현재 그 순간 우리 마음에 일어나는 걸 알아차린 것이라고 가정한다. 그러나 나는 의식은 현재가 아닌 과거에 관한 것이라고 주장할 것이다"[9]라고 말한 바 있다. 기억, 생각, 의식, 마음…. 그 무엇으로 불리든 이 모든 작용은 뇌에서 일어난다. 뇌과학의 관심은 사람의 기억과 생각이 뇌에서 어떻게 저장되고 소멸되는가에 대한 비밀에 있다.

사람은 뇌에 입력된 대로 행동한다는 연구 결과도 있다. 워싱턴대학교 컴퓨터공학과에서는 뇌에 외부 정보를 입력하면 사람은 자신의 의지와 상관없이 그 입력된 정보에 따라 행동하게 된다는 것을 실험했다. 한 사람의 행동이 상대방의 뇌파 신호에 좌우되는 것을 보여주었다. 이것을 브레인 라이팅Brain Writing이라고 한다. 뇌파 패턴을 다른 뇌에 주입해 뇌에 쓰인 대로 행동하게 되는 것이다. 사람들은 평소에 자신의 의지로 행동하고 있다고 생각하지만, 태어나면서부터 계속 오감으로 자기와 세상의 사진을 찍고, 그 과거의 사진에 따라 행동하기 때문에 뇌에 입력된 대로 행동한다. 그래서 아무리 내가 현재의 생각과 행동을 바꾸고 싶어도 마음먹은 만큼 쉽지 않다.

한편, 뇌에 입력된 대로 행동한다고 하지만 그것마저 얼마나 부정확하고 부주의한지 알려주는 연구도 있다. 카이스트 정용 교수는 명상 수업에서 인간의 인지 기능이 얼마나 오류가 많은지에 관해 재미있는 실험을 영상으로 보여주었다. 의사이면서 뇌인지공학 전공자인 정용 교수는 수업 당시 뇌과학 특강과 함께 뇌파검사에도 도움을 주셨다.

명상 수업에서 함께 본 영상에서는 카드놀이를 하는 두 사람이 식탁 위 물건을 치우고 심지어 식탁보를 바꾸어도 전혀 눈치채지 못하는 모습이 나왔다. 카드놀이를 하다가 한 사람이 윗옷을 바꾸어 입어도 전혀 알아채지 못했다. 사람은 모든 걸 본다고 착각하지만 어디에 열중하면 주위를 인식하지 못한다. 사람의 눈은 믿을 수 없는 것이 분명하다.

◆ 뇌에도 길이 생긴다

인지認知라는 단어의 '認'자를 보면 '마음心에 칼刀을 댄다'라는 뜻이며, 각인刻印도 '칼로 새기듯' 깊이 새겨 뚜렷이 기억하게 한다는 뜻이다. 한 번 인식된 것은 바뀌기가 쉽지 않다. 뇌는 새로운 것을 보거나 듣거나 하면 뇌세포 사이에 전기화학적인 길이 생긴다고 한다. 어릴 때 자라면서 부모님이나 선생님에게 들은 이야기들은 좋은 이야기든 나쁜 이야기든 뇌에 저장된다. 이렇게 반복적으로 듣고 뇌에 입력된 것을 뇌 학습 기능이라고도 하고, 뇌가소성Brain Plasticity이라고도 한다.

충격적인 일을 겪으면 한 번의 경험만으로도 뇌세포 사이에 강한 길이 생긴다. 깊은 골짜기Canyon like Valley가 생긴다고도 한다. 이것을 트라우마라 한다. 외상후스트레스장애PTSD라고도 표현한다. 외상후 스트레스까지는 아니더라도, 강한 자극이 오랫동안 가해지면 회로 가 망가져 다시 엉성하고 좁아지게 된다. 그리고 뇌세포를 혹사하면 기억력 감퇴, 무력감, 긴장성 두통, 심인성 위장 질환, 고혈압 등의 발 생 빈도가 높아진다. 집중력의 가장 큰 적은 바로 뇌세포의 피로다.

♦ 뇌는 유동적으로 변화한다

뇌의 가소성은 뇌가 유동적으로 변한다는 말이다. 뇌는 전기화학 적인 과정을 거쳐 움직인다. 그 과정에서 기억을 포함한 정보가 신경 세포에서 나뭇가지처럼 뻗어 나온 수상돌기들을 지나간다. 이 수상 돌기들이 어떤 환경인가에 따라 성장하거나 쇠퇴하는 것이다. 자극 이 있는 한 뇌는 멈추지 않고 변화한다. 카이스트의 신경과학자 정원 석 교수의 설명에 따르면, 한 개의 신경세포에는 만 개에서 십만 개 의 시냅스가 있다. 신경세포와 신경세포가 서로 대화하는 장소를 시 냅스라고 한다. 신경세포를 연결해주는 시냅스는 화학적으로 신호 를 전달하고 또 저장하는데, 뇌에 존재하는 이런 장소의 개수는 조 단위로 존재한다. 아기가 갓 태어났을 때는 숫자가 적지만 기어 다니기 시작하고 뭔가 배울 때 시냅스가 엄청나게 생기고, 필요 없으면 줄어들기도 한다.

이 시냅스를 기억의 기초단위라고 보고 있다. 기억이 여기서 이뤄진다고 생각하기 때문이다. 어릴 때부터 반복적인 말을 듣거나 트라우마 같은 사건이 있으면 시냅스의 숫자가 늘어나기도 하고 크기도 커질 수 있다. 또 생겼다가 없어질 수도 있다.

정원석 교수는 "기억의 미스터리는 충분히 밝혀지지 않았다"라고 한다. 뇌의 시냅스가 죽는 질환인 알츠하이머 치료제를 공동 개발하는 그는 2020년, 별아교세포의 시냅스 제거 연구로 〈네이처〉에 논문을 발표했다. 별아교세포가 불필요한 시냅스를 먹어 제거함으로써 뇌가 기억력을 유지한다는 내용이다. 기억의 저장 과정이 충분히 밝혀지지는 않았지만, 트라우마에 대한 뇌 소멸학습 연구는 한창 진행 중에 있다.

국가과학자 1호로 세계적인 뇌과학자인 신희섭 박사도 코세라 강좌를 위한 뇌과학 인터뷰에서 공포 조건화Fear Conditioning와 공포 소멸Fear Extinction을 예로 들어 설명한 바 있다. 신희섭 박사는 쥐의 공포 소멸학습 연구로 유명하다. 이라크 전쟁에 참전한 군인들은 큰 범프 소음을 들을 때마다 폭탄 폭발이 생각나서 극도의 불안과 스트레스로 외상후스트레스장애를 겪었다. 신희섭 박사는 쥐 실험을 통해 삐 소리와 함께 전기 충격을 주어 쥐가 삐 소리와 감전의 연관성을 기억한다는 것을 알았다. 그다음부터 전기 충격 없이 삐 소리를 반복해서 들은 쥐는 신호음이 반드시 충격 자극을 가져오는 것이 아니라는 새로운 사실을 배운다. 이것을 공포 소멸이라고 한다.

신희섭 박사와 코세라 인터뷰 당시, 폐소공포증이라는 트라우마를 빼기 명상으로 치유했던 내 경험을 예로 들어 설명했고, 신희섭 박사는 명상으로 트라우마 치유가 가능하다는 점에 공감했다. 각인된 과거의 사진들을 떠올려서 계속 버리다 보면 뇌에 새겨진 전기화학 신호가 약해지면서 조금씩 소멸되고, 그렇게 반복하면 어느 순간 트라우마가 사라지게 되는 것이다. 공학으로 설명하면 역설계_{Reverse Design}다. 즉, 기계제품이 있을 때 뜯어서 해부해보면 원래 설계를 알 수 있듯이, 역으로 그것을 보고 설계를 하는 것이다. 빼기 명상은 뇌에 각인되어 있는 것을 역으로 떠올려 그 각인된 사진들을 없애는 것이다.

◆ 마음빼기 명상의 뇌과학적 원리

미국 클리블랜드병원 신경연구소 신경복원센터의 백홍채 박사는 마음빼기 명상의 원리를 예로 들어, 각인된 기억의 사진들을 없애는 빼기 명상의 뇌 작용에 대해 설명한다. 특히 빼기 명상의 원리는 최근 밝혀지고 있는 뇌과학의 이론과 정확하게 일치한다고 설명한다. 뇌과학에서도 시각을 비롯한 오감으로 인지된 정보가 현실 그대로 인지되는 것이 아니라 뇌에서 각색 편집된 것임을 밝히고 있기 때문이다. 91~96쪽까지 글은 백홍채 박사가 전인교육학회지에 게재한 설명이다. 백홍채 박사의 허락을 받아 옮긴다.[10]

인간의 눈 뒤쪽에 위치한 1.4kg의 뇌라는 장기는 정신세계와 물질세계의 핵심적이고 유일한 접점으로 인간을 온전히 이해하는 데 마지막 열쇠처럼 풀리지 않은 채로 남아 있었다. 뇌과학에 의하면 자기가 살아온 삶은 뇌 안에 1,000억 개에 달하는 뉴런의 연결망 회로로 프로그램화되어 메모리 장치에 고스란히 저장되어 있으며 현재 나의 사고방식, 행동, 성격 등 전반적인 생활방식을 컨트롤한다.

뇌 역시 에너지를 쓰는 하나의 생체 기관으로서, 이미 형성된 네트워크 회로가 있다면 계속해서 그 패러다임 모델을 사용하는 것이 에너지 효율상 유리하기 때문에(물론 강한 외부 자극이나 동기유발에 의해 충분히 새로 생성되고 변화할 수 있지만), 외부의 메시지와 자신의 뇌 회로 해석이 일치하지 않으면 새로운 뇌 회로 네트워크가 생성되기보다는 기존에 사용하는 사고의 패러다임을 고수하려는 경향이 크다. 이것이 나이가 들수록 융통성이 점점 없어지게 되는 원인이다. 다른 말로 표현하면 마음의 세계가 더욱 견고해져가는 것이다.

결과적으로 사람은 각자가 살아오면서 경험한 것을 토대로 뇌에서 각각의 서로 다른 인지회로를 형성하고, 그것을 통해 세상을 인식하고 판단하게 된다. 다시 말하면, 사람은 누구나 자기만의 인지회로를 통해 세상을 인식할 뿐, 그 누구도 세상을 정확히 보고 알지 못한다는 이야기다.

♦ 사람은 눈이 아닌 뇌로 본다

뇌에서 처리하는 감각 정보의 80% 이상을 차지하는 시각은 우리가 살면서 세상을 보고 판단하는 데 가장 많이 의지하게 되는 감각기관이다. 그런데 문제는 우리는 눈으로 세상을 본다고 생각하지만 사실은 뇌로 보고 있다는 점이다. 사진은 눈으로 찍지만 현상은 뇌에서 이루어진다. 눈이 멀쩡한 사람도 뇌의 시각중추가 망가지면 이미지의 현상이 이루어지지 않아서 볼 수 없는 것도 이러한 이유다. 인간의 눈은 뇌와 해부학적으로 분리되지 않으며, 뇌의 발달단계에서 전두엽 부위로부터 분리되어 나오는 기관으로 뇌와 밀접하게 연결되어 있다.

눈과 뇌 사이에는 재미있는 점이 있다. 눈은 뇌 전두엽 앞부분에 위치한 기관인데, 시각 정보를 처리하는 시각중추가 눈과 가깝게 있지 않고, 후두부 쪽에 있다는 점이다. 그래서 우리가 인식한 시각 정보는 시신경을 타고 멀리 뇌 뒤쪽 후두엽까지 이동하게 된다. 이 과정에서 입력된 정보는 뇌의 해석을 거친다. 우리의 눈은 단순히 사진기처럼 이미지를 그대로 뇌로 옮기지 않는다는 뜻이다. 눈을 통해 들어온 시각 정보는 뇌에서 편집되어 저장되기 때문에 같은 대상이라도 사람마다 다르게 인지한다.

♦ 어떻게 각자가 다르게 저장하는가

눈, 코, 입, 귀, 피부 등 감각기관을 통해 우리가 느끼는 정보들은 신경을 타고 가장 먼저 시상Thalamus이라는 부위로 모이게 된다. 시상은 감각 정보의 중추로서 몸에서 느끼는 모든 감각 정보들이 모여서 대뇌피질에 도달하기 전 통과하는 관문이다. 몸의 각 기관을 통해서 인식된 정보들은 대뇌 피질에서 인지되기 전에 시상과 그 주위에 위치한 변연계Limbic System의 구조물들에 의해 정보의 분류와 선별이 시작된다.

시상으로 들어온 경험 정보들은 시상을 둘러싸고 있는 해마Hippocampus의 장기기억 과정을 통해 언어 및 감정 기억으로 저장되고, 해마 앞쪽에 위치하며 감정을 담당하는 편도체Amygdala로 이동되어 정보의 안정성 또는 감정에 관련된 평가를 내리게 된다. 그리고 이들 바깥쪽에 위치한 기저핵Basal Ganglia에서는 들어온 정보에 대한 평가를 바탕으로 자신의 신체 이미지를 통한 움직임이 결정된다.

이 과정으로 뇌에 들어오는 정보들이 변연계를 통해 이동하는 과정에서 의식, 감정, 기억, 행동에 영향을 주고 역으로 생각, 감정 등이 시각 정보로 바뀌기도 한다. 즉 뇌에서 합성된 정보를 실제로 보았다고 착각하게 되는 것이다. 무엇을 보느냐, 무엇 때문에 보느냐에 따라 각 하위 시각중추에서 처리된 정보들은 끊임없는 정보 교환과 비평이 이루어지며 결과적으로 우리가 인지하는 최종 정보는 원래의 감각 대상과 달라지게 되는 것이다.

♦ 내가 보는 세상은 원본이 아닌 뇌의 편집본

이렇듯 매 순간 오감으로 인식된 감각 정보는 1,000억 개에 달하는 뉴런들로 이뤄진 신경계에 저장되어, 삶의 과정에서 개인이 마주하는 환경에 반응하며 사람마다 천차만별의 패턴을 만들어낸다. 따라서 우리가 눈으로 보고 귀로 들었다고 생각되는 것은 절대적이지 않다. 우리 눈앞에 보고 있는 세상은 진짜 세상이 아니라 각자의 뇌가 산 삶을 통해 형성한 신경망 회로에 의해 해석된 편집본이라 할 수 있다. 같은 대상을 보고도 각자 다르게 인식하며 다르게 반응하는 이유다.

즉 우리는 실제 세상이 아니라 내가 만든 마음의 세상을 보고 있다. 이러한 뇌의 원리는 '인간의 마음 세계가 가짜이고 허상이며 사람은 진짜 세상에 살고 있는 것이 아니라 자기가 만든 가짜 마음 세상에 갇혀 살고 있다'라는 마음빼기 명상의 원리를 과학적으로 뒷받침해준다.

자기 돌아보기 명상에서는 자기중심적인 입장에서 객관적 입장으로 전환해주는 방법이 제시된다. 객관적 입장이 되지 않고는 진정한 자기성찰이 어렵기 때문이다. 자신이 살아온 삶을 객관적인 입장에서 반복적으로 돌아보다 보면 자기가 기억하고 인식하는 모든 것이 실제 세상 그대로가 아닌 자기중심의 입장에서 잘못 인지된 것임을 스스로 알게 된다. 이를 통해 자신의 생각과 행동을 움직이는 마음이 가짜이고 허상임을 깨닫게 된다.

빼기 명상은 이렇게 확인한 허상의 자신과 마음 세상을 단계별로 빼서 버리는 방법으로 진행되는데, 이러한 빼기의 방법은 감각 정보가 뇌에서 이동하는 경로와 구조적·기능적으로 일치한다. 각 단계를 통해 해마의 기억된 생각을 버리면, 편도체가 중심적으로 담당하는 상에 의한 마음(감정)으로부터 해방되며, 기저핵에서 이뤄지는 자기 신체 이미지와 몸이 자기 뜻대로 움직이는 습관을 버리게 된다. 단계가 올라가면서 자신의 마음을 더욱더 깊이 돌아볼 수 있게 된다.

♦ 좌뇌 기능을 잃어버린 질 볼트 테일러 교수의 사례

'내가 인식하는 것은 과거의 경험으로 만든 나만의 마음 세상이며, 내가 알고 있는 나조차도 실제의 내가 아니라면 진짜 나는 누구인가, 진짜 세상이란 무엇인가.' 이 질문을 일으킨 가장 유명한 예가 하버드대학교의 뇌신경학과 교수인 질 볼트 테일러의 사례다. 전 세계 1,800만 명이 조회한 테일러 교수의 TED 강연은 그 근원적 질문에 대한 하나의 중요한 단서를 제공해준다.

그녀는 왼쪽 뇌에 뇌졸중이 오면서 좌뇌의 기능을 잃어버린 후 37년간의 세월에서 해방되었다고 말한다. 우뇌로 사고하게 되면서 그동안 좌뇌의 활동에 집중하며 놓치고 있었던 자연과 우주와 하나

되는 경험을 하게 되었다는 것이다. 좌뇌는 인지된 정보의 데이터를 저장하고 미래를 예측하는 기능을 한다. 테일러 교수의 체험은 인간이 좌뇌에 저장된 과거의 데이터에 가려서 실재하는 현재 세상인 자연과 우주를 보지도 느끼지도 못하며, 그것으로부터 벗어났을 때 비로소 자연과 우주를 감각할 수 있었음을 말해준다.

테일러 교수의 경험은 일반인이 체험하기 힘든 매우 특별한 사례다. 첨단 뇌과학은 인간이 실제 세상을 그대로 인지하지 못하며 뇌의 작용에 의해 잘못 인지된 세상을 인식하고 그것에 반응하며 살고 있다는 것까지는 밝혀 놓았지만, 어떻게 그것으로부터 벗어날지에 대해서는 아직 정확한 방안을 내놓지 못하고 있다.

백홍채 박사의 글처럼, 자기를 돌아보고 과거에 각인된 사진을 버리면, 본래의 평화로운 마음으로 세상을 있는 그대로 바라보고 살 수 있다.

♦ 명상은 직접 하는 것이 중요하다

2004년 미국의 뇌신경과학자들과 달라이 라마의 만남으로 시작된 마음과 뇌에 관한 관심은 서구의 많은 연구로 이어졌다. 그리고 오늘도 마음과 뇌과학에 관한 연구가 계속 진행되고 있다. 미국 앨런뇌과학연구소 크리스토프 코흐Christof Koch 박사는 "명상과 명상이 뇌에 미치는 영향에 대해 아는 것은 명상의 혜택을 받는 것과 같지 않고 지혜를 얻는 것과 같지도 않다"라고 말했다.[11] 즉 명상을 뇌과학으로 연구해서 아는 것은 명상 효과를 보는 것도, 지혜를 얻는 것도 아니라는 얘기다.

명상의 경험은 철저히 개인적이고 주관적이다. 테일러 교수가 지극한 마음의 평온을 경험했다 하더라도 그것은 테일러 교수의 것이지 나와는 아무 상관이 없다. 《사피엔스》의 저자 유발 하라리 교수는 뇌과학자에 관해 이런 말을 했다. "과학자 자신은 실제로 명상을 수행하지는 않는다. 그보다는 숙련된 명상가를 연구실에 초청해 머리 사방에 전극을 꽂고는, 명상을 해보라고 하고 그 뒤에 일어나는 뇌 활동을 관찰한다." 뇌 활동 관찰에 앞서 각자가 통찰을 경험하는 일이 가장 중요하다는 말을 한 것이다.

나도 명상을 하다 보니 뇌과학에도 관심이 많아졌다. 논문도 함께 써보고, 뇌파검사를 받아보기도 했다. 그러나 그럴수록 더욱 명확히 깨닫게 되는 것이 있었다. 아무리 뛰어난 연구가 나온다고 해도 개인이 자기 삶을 돌아보고 변화시키는 것보다 더 중요한 것은 없다는 것이다. 누구나 하나밖에 없는 소중한 자기의 삶을 살고 있다. 연구와 지표가 분석해줄 수 있는 것은 마음과 뇌과학의 극히 일부일 뿐이다. 우리는 어떻게 하면 더 지혜로워지고 매일매일 일깨움을 얻고 진짜 나를 찾을 수 있을까? 우리 삶에서 정작 중요한 것은 데이터와 지표 너머에 있다.

다음은 2018년 카이스트에서의 마지막 명상 수업이 끝난 뒤 한 학생의 소감이다.

▷ ▷ 10주 차에 이르는 명상 수업을 들으며 과연 내가 편안해졌는가 하는 생각을 했습니다. 결론은 '그렇다'입니다. 교수님을 처음 뵀을 때 인자한 웃음과 푸근한 인상 그리고 스스럼없는 모습이 좋았습니다. 걱정이라고는 찾아볼 수 없는 그런 행복한 얼굴이셨습니다. 살다 보면 많은 고민을 하게 되고 난관에 부딪히고 생각대로 되지 않는 일들 때문에 누구나 스트레스를 받고 화를 내는데 수업 내내 단 한 번도 그런 모습을 보이신 적이 없었습니다. 명상의 힘이란 그런 것일까요? 저는 평소에 감정 변화가 크지 않고 웬만해서는 화가 나도 스스로 타일러 감정을 추스르는 성격이라 명상이 필요하지 않다고 생각했었습니다. 하지만 이제 명상의 힘을 느낍니다. (송형주)

마음빼기 명상을 위한

자기 이해 연습 7

내 마음의 지도

자신이 원하는 삶을 살 수 없는 이유를 간단히 적어보며 돌아보는 방법이다. 원하고 바라는 삶을 살지 못하는 이유는 방해하는 마음이 있기 때문이다. 내 마음의 지도는 자기를 돌아보는 데 도움을 주기 위해 전인교육센터에서 활용하는 방법이다.

방법

- 현재 나의 상태를 적는다.
- 바라는 나의 상태를 적는다.
- 바라는 상태가 되지 못하도록 방해하는 마음이 무엇인지 돌아본다.
- 방해하는 마음을 적어본다.

출처: 전인교육센터 명상 교육팀

명상을 본격적으로 시작하기 전에
알아야 할 것들

◆ 명상을 오래 하려면

이 책을 쓰는 동안 고민되는 부분이 있었다. 나의 삶이 다 공개된다는 것과 나의 마음이 다 오픈된다는 것이었다. 그냥 조용히 살아도 될 것을 군이 책을 써야 할까 하는 생각도 솔직히 들었다. 그만 접을까 하는 마음도 잠시 든 것이 사실이다.

그러나 다시 생각하면 그럴 일이 아니었다. 나는 첫 마음을 다시금 되새겼다. 내가 가장 힘들 때 명상의 도움을 받았듯이 누군가에게도 명상이 꼭 도움이 되었으면 좋겠다는 마음이었다. 초심을 잃을 때마다 생각했다. 모든 사람의 마음에 드는 글을 쓸 수는 없을 것이다. 그러나 마음을 버리고 싶은 그 한 사람을 위해서 이 글을 반드시 써야겠다 싶었다. 사실 그래서 시작한 수업이지 않았던가.

사람들이 이 책에서 바라는 것은 무엇일까? 어쩌면 일상에서 쉽게 따라 할 수 있는 명상 실천 요령일지도 모른다. 나도 예전에 나를 바꿔보려고 애쓰며, 이런저런 책도 보고 혼자 해볼 수 있는 걸 찾기도 했다. 그러나 그렇게 해서 바뀌지는 않았다.

이 방법을 만드신 스승님의 일화가 생각났다. 처음에는 찾아온 사람들에게 방법을 알려주고 각자 집에서 해보라고 권했다고 한다. 그런데 한 사람도 하라는 대로 하지 못하고 안 된다고 왔다고 한다. 그래서 모여서 함께하기 시작했다고 한다.

명상은 열 길 물속보다 더 깊은 인간의 마음을 다루는 일이다. 그리고 자유로워지고 행복해지기 위해서 하는 것이다. 코끼리를 아는 것이 목적인데 코끼리의 발만 살짝 구경하고 끝난다면 그 사람은 영원히 진짜 코끼리를 모를 수도 있다. 그 사람은 살짝 본 코끼리 발이 코끼리의 전부라고 믿게 될 것이다. 코끼리를 아는 기쁨과 즐거움도 모른 채 글을 읽고 책으로 정보를 얻는 것이 무슨 의미가 있겠는가.

◆ 명상의 전제 조건

명상은 자기 자신과 마주하는 일이다. 쉽게 시작할 수 있고, 누구라도 할 수 있는 게 명상이다. 그러나 자기를 돌아본다는 것은 시간이 필요한 일이고 인내가 필요한 일이다.

그래서 명상을 하기 전에 꼭 필요한 마음가짐에 대해 정리해본다. 어쩌면 당연한 말이지만 첫 단추가 어긋나는 일이 없기를 바라는 마음에서다.

첫째, 직접 경험해봐야 한다

명상은 지식이 아니다. 사과가 맛있다는 정보를 얻었다고 하자. 책에서 읽었다고 사과를 안다고 생각한다면 착각이다. 사과에 대해 알려면 사과를 파는 가게에 가서 사 먹어보는 것이 제일 좋다. 내가 직접 먹어보면 더 이상 설명이 필요 없는 것이다.

둘째, 반드시 전문가의 도움을 받아야 한다

명상 방법은 간단하다. 그러나 사람의 마음은 복잡하다. 각자 살아온 삶이 다르기 때문이다. 감정도 사람마다 농도가 다르다. 포스트 잇처럼 가볍게 떨어지는 마음이 있는가 하면, 본드를 붙여놓은 듯 떨어지기 힘든 마음도 있다. 각자의 마음이 다르기 때문에 버려지는 과정도 다르고, 버려지면서 경험하는 것도 다를 수밖에 없다. 나도 명상하다가 힘든 마음이 올라온 적이 있었다. 이때 안내자가 많은 도움을 주었다.

전문가의 도움을 받아야 하는 이유는 또 있다. 등산을 할 때 모르는 길은 다 비슷해 보인다. 이 길이나 저 길이나 비슷할 것 같지만 길이 약간만 어긋나도 전혀 다른 곳으로 가게 된다. 명상을 할 때도 길을 잃지 않으려면 전문가의 안내가 꼭 필요하다.

셋째, 자기를 과신하면 안 된다

전문가의 도움을 받지 않고 이러면 되겠지, 이런 뜻이겠지 하다가는 귤을 먹고 사과를 먹었다고 착각할 수도 있다. 콜럼버스가 죽을 때까지 자신이 발견한 인디언의 땅을 인도라고 믿었듯이 말이다. 결코 남의 일이 아니다. 나도 얼마든지 그럴 수 있다.

넷째, 마음 자세는 솔직하고 진실해야 한다

자기를 깊이 돌아보면 자신의 말과 생각에 스스로도 얼마나 많이 속고 있는지 보게 될 것이라 믿는다.

다섯째, 호흡도 마음이다

마음수련 명상은 몸과 마음이 다 마음이라고 말한다. 그래서인지 마음의 원리를 말해줄 뿐 자세나 호흡에 대한 언급은 아예 하지 않았다. 그런데 신기한 것은 마음이 버려지면서 나도 모르게 호흡이 깊어지고 안정되는 것을 알게 되었다. 그래서 호흡을 인위적으로 할 필요성을 느끼지 못했다. 호흡은 뇌에서 조절하는 것이다. 예를 들어 달리기를 하면 저절로 호흡이 빨라지게 마련이다. 달리기를 멈추면 인위적인 노력을 하지 않아도 저절로 원래의 호흡으로 돌아오게 된다. 호흡은 정말 중요하다. 그래서 더더욱 순리에 맞게 해야 한다. 무엇이든 무리한 욕심으로 하면 순리에 맞지 않아서 역효과가 난다.

여섯째, 자세도 편안히 하자

자세도 마찬가지다. 마음이 움직이면 몸도 따라 움직인다. 물론 뇌에서 조절하는 것이다. 무서우면 움츠리고, 마음이 떳떳하면 어깨를 쭉 펴게 마련이다. 또 마음이 무거우면 몸도 무거워지며, 기쁘면 웃게 되고 저절로 박수도 치게 된다. 그래서 자세에 대해서도 아무런 언급을 하지 않았다. 다 마음이 하는 일이기 때문이다.

엄마를 따라온 아이들이 명상하는 모습이 제일 신기했다. 아주 편안하게 했다. 용도 쓰지 않고 잘하려고 애도 쓰지 않았다. 더 버릴 게 없다며 잠든 모습이 얼마나 예쁘고 부러웠는지 모른다. 젊은 아이들도 아무런 틀이 없고 가식이 없어 보였다. 그냥 편안하게 돌아보고 버렸다. 그러나 깊이 돌아보기 시작하면 누구라도 의자에 붙인 등을 바로 하고 미동도 하지 않았다.

명상을 제대로 알고, 생활에서 즐기며 오래도록 행복하게 벗 삼을 수 있으려면 무엇이 필요할까. 그것을 내 경험을 통해 알려주고 싶었다. 2부에서는 나의 명상 이야기를 들려주려고 한다.

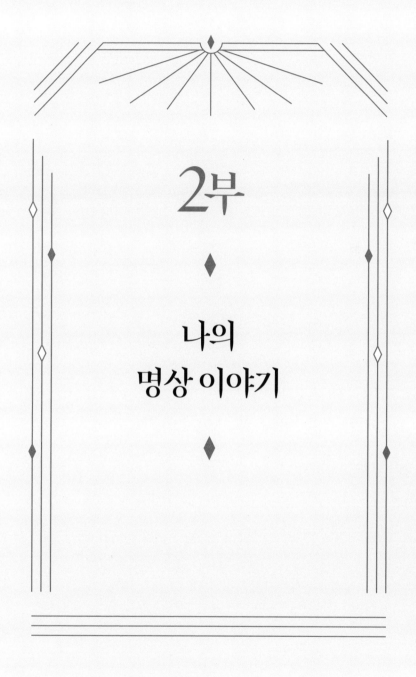

2부

나의
명상 이야기

나의 인생,
그리고 명상을 하게 되었다

♦ 인생의 정점 그리고 추락의 서막

러시아 출장을 마치고 돌아오는 길이었다. 비행기 안에서 영화를 봤다. 한 청년이 산 채로 매장당하는 장면이 나왔다. 나무 관에 갇힌 채 눈을 뜨는 청년을 보는 순간이었다. 실제로 내가 영화 속 청년처럼 땅속에서 꼼짝 못 할 거 같다고 느껴졌다. 죽을 것 같은 공포가 나를 덮쳤고 진땀이 흘렀다. 눈을 감고 견디다 시계를 보면 고작 1분이 흘렀을 뿐이었다. 소리를 지르고 싶었다. 비행기 밖으로 뛰쳐나가고 싶은 충동을 참고 참았다. 지옥 같은 7시간을 견디며 한국에 도착했다.

그날 이후였다. 비행기는 물론이고 엘리베이터만 타도 죽을 것 같았다. 서울에서 대전까지 2시간이면 가는 버스도 탈 수 없게 되었다. 어느 날은 친구와 밥을 먹다가 대학 시절 농촌 봉사활동으로 탄광에 들어갔던 이야기를 듣게 되었다. 그 순간 내가 탄광에 갇힌 것 같았다. 밥을 먹다가 도망치듯 나와버렸다.

친구가 근무하는 대학병원 정신과에 찾아갔다. 폐소공포증이라고 했다. 결국 약을 먹기 시작했다. 정신과의사인 한 친지는 비행기속 상황을 재현해서 점점 극복해보라고 권유했다. 그러나 불안과 공포가 너무 커서 상황 재현 자체가 불가능했다. 비행기를 탈 일이 많았던 나는 난감했다. 이겨내기 위한 필사의 노력을 할 수밖에 없었다. 한 시간이라도 비행기를 타야 하는 날은 아예 잠을 안 잤다. 비행기 안에서 곯아떨어지기 위해서였다. 비행기에서 술을 먹고 잠들기도 했다. 그러나 술이 깨면 더 힘들어졌다. 지칠 만큼 힘들게 운동을 하고 비행기를 타기도 했다. 불경이나 성경책을 가지고 타기도 했다. 좁은 좌석은 숨이 막힐 것 같아 비즈니스석을 이용했다. 정말 별짓을 다 해본 것 같다. 폐소공포증은 내 인생의 추락을 알리는 서막 같은 것이었다.

♦ 인생의 정점, 나를 내려놓게 하다

나는 서울대 항공공학과를 졸업했다. 유학을 갔고, 미국 스탠퍼드 대학교에서 박사학위를 받았다. 그 후 실리콘밸리에 있는 나사 NASA Ames 연구소에서 연구원으로 있었다. 내 전공은 '공력음향학'으로, 항공기 소음의 원인을 밝히고 감소시키는 연구를 했다. 당시 한국은 우주항공 분야의 불모지였다. 나는 한국에서 할 일이 많을 거라 생각해 3년 근무하고 귀국했다. 그리고 1988년, 카이스트 항공우주공학과 교수가 되었다. 30대 초반의 나이였다.

모든 것이 풍족했다. 가족과 친지들은 나를 환영했고, 사랑하는 아내와 자식도 있었다. 부와 사랑과 명예를 다 얻은 삶이었다. 더 바랄 것이 없는 그 순간에도 '돈이 더 많았으면 좋겠다'라는 생각을 했고, 당연히 그렇게 될 것이라 믿었다.

내 인생의 정점이었던 그해로부터 1~2년 사이에 참으로 많은 일이 일어났다. 50세였던 작은 아버지가 뇌졸중으로 쓰러졌고, 그다음 해에는 장인이 돌아가셨다. 또 그다음 해에는 건강하시던 선친이 하루아침에 심근경색으로 돌아가셨다. 집안이 다 무너지고 망하는 것 같았다. 나는 집안의 어른 역할을 해야 했다.

그 무렵 카이스트도 서울 홍릉에서 대덕 캠퍼스로 이전하게 되었다. 대전에는 나 혼자 내려갔다. 매주 서울과 대전을 왔다 갔다 했다. 아내는 서울에 혼자 계신 어머니도 모셔야 했고, 아이들 건사도 해야 했다. 일본에서 건축을 공부하신 선친께서 평생 해오신 사업도 유지해야 했다.

그리고 얼마 후였다. 운영하던 사업체에서 갑자기 어음이 돌아오는데 정신을 차릴 수가 없었다. 사무실에서 돈이 막혔다고 연락이 오면 대전에서 서울까지 미친 듯이 올라갔다. 그때마다 고속도로는 한

없이 막혔고 속은 타들어갔다. 은행 마감 시간이 지나가면 정신없이 뛰었고, 겨우겨우 위기를 막았다. 이런 고비가 셀 수 없이 많았다.

나의 삶은 추락하고 있었다. 끝이 안 보였다. 매일 술을 마셨다. 출근하면 담배를 연속으로 피웠고, 그러고 나면 한참을 몸을 가눌 수가 없었다. 학교는 학교대로 할 일이 많았다. 해외 학술논문도 발표하고, 학생 지도도 해야 했다. 잠이 오지 않았다. 알코올에 의지해 잠이 들었다. 그러다 깨면 다시 가슴이 답답하고 폐소공포증 증세가 나타났다. 고층 아파트에서 뛰어내려 죽고 싶은 충동을 그때마다 견뎌내야 했다.

그러다 IMF 외환위기가 닥쳤다. 마지막 부도가 나는 순간은 머릿속이 하얬다. 내가 상상한 그대로의 악몽 같은 현실이 펼쳐졌다. 은행은 돈을 갚으라고 독촉했고, 이자는 늘어만 갔다. 제3금융권의 채무도 감당할 수 없었다. 할 수 있는 게 아무것도 없었다. 나의 심신은 더 갈 데가 없을 만큼 황폐해졌다.

누군가는 산소에 문제가 있을 거라고 묘지 잘 보는 분을 소개해주기도 했다. 오랫동안 수행을 하신 스님을 만나보기도 했다. 조상님께 정성스럽게 제사를 올려보기도 했고, 죽어도 좋다는 각오로 추석 연휴 기간 내내 매일 3,000배를 해보기도 했다. 내가 잘못 살았다는 것은 알았지만 어떻게 해야 하는지를 몰라 어디든 찾아다녔다. 몸과 마음이 고통스러운데 길이 없었다. 양방이나 한방 의사들은 하나같이 좀 쉬어야 한다고 했다. 급경사의 인생 내리막길로 내몰리게 되면서 나는 처음으로 남의 말에 귀를 기울이게 되었다. '그래, 좀 쉬자' 싶었다.

그러나 쉬어본 적이 없었던 나는 쉬는 것도 어려웠다. 여행도 좋지만 돌아오면 여전히 머리는 빠개질 것이라는 생각이 들었다. 그래도 어디든 가고 싶었다. 그러던 와중에 집안 누님께서 책을 한 권 소개해주셨다. 《가야산으로의 7일간의 초대》라는 마음수련 명상에 대한 책이었다. 순식간에 책을 다 읽었다. 이곳에 가면 뭔가 다를 것이라는 생각이 들었다.

내게 일어난 명상 효과

♦ 폐소공포증의 원인을 찾아 버리다

2001년 여름이었다. 일주일의 시간을 내어 명상을 시작했다. 자기를 돌아보고 마음을 버리는 명상이었다. 명상 이틀째였다. 지나온 삶을 돌아보는 시간이었다. 어릴 적 기억을 떠올리다가 폐소공포증이 몰려왔다. 꼼짝할 수가 없었다. 그 불안과 고통이 너무 두려워서 이겨낼 수가 없었다. 그러다가 폐소공포증의 원인이 된 최초의 기억을 떠올리게 되었다. '이거구나!' 싶었다.

어릴 때 아주 친한 친구 집에서 숨바꼭질을 하고 있었다. 그 집 마당에는 시멘트로 만든 개집이 있었는데, 제일 친했던 친구 세 명이 개집에 같이 들어가 숨었다. 그런데 세 명의 다리가 꼬여버렸다. 개

집에서 나올 수가 없었다. 다행히 그 집에 있던 군인 아저씨가 꺼내주었다. 이 기억을 다 잊고 살았다고 생각했지만, 내게는 마음 깊숙한 바닥에 묻혀 있던 불안과 공포였다.

명상을 이끌어주는 도움님과 상담을 하고 방법대로 그 장면을 버렸다. 그 장면에는 죽을 것 같은 공포와 불안이 진하게 배어 있었다. 집중적으로 몇 시간을 버렸다. 처음에는 잘 버려지지 않았다. 그래도 방법대로 열심히 버렸다. 반복해서 버리다 보니 어느 순간 그 장면이 사라졌다. 정말 허상이었다. 허상인 내가 없어지니 폐소공포증은 그냥 사라졌다. 그날의 홀가분함과 감동은 잊을 수가 없다.

10년 동안 나를 괴롭히고 고생시킨 마음이 몇 시간의 명상으로 해결된 것이다. 그 이후로 삶의 기억을 떠올리는 것도, 방법대로 버리는 것도 잘할 수가 있었다. 명상은 내 삶 전체를 재조명하게 해주었다. 살아온 날들의 기억을 떠올리고 버리면서 내가 어떻게 살아왔는지 낱낱이 알 수 있었다.

♦ 그렇게 괴롭던 두통이 사라졌다

머리를 지끈거리게 만든 일들을 하나하나 떠올려보았다. 나는 매일 바빴다. 복잡했던 스케줄이 마음에 가득했다. 스케줄표에만 적혀 있으면 될 일을 머릿속에까지 가득 채우고 있었던 것이다. 사실 스케줄대로 실행에 옮기지도 못했다. 잔뜩 적어놓고 머리만 아팠다. 그 마음들을 명상 방법대로 버렸다. 참 시원했다. 머리가 지끈거리는 것이 없어지고, 할 일과 안 할 일을 구분할 수도 있었다. 내가 얼마나 일 욕심이 많은지도 깨닫게 되었다. 나는 여유라는 것을 경험하게 되었다.

✦ 형제들의 심정을 처음으로 헤아릴 수 있었다

나는 부유한 집의 외동아들로 태어났다. 위로 누님, 아래로 여동생 둘이 있었는데 누님은 나를 '행운아'라고 했다. 밥을 먹을 때도 좋은 반찬은 항상 나한테 먼저 왔다. 과외도 받았고 미국 유학도 어려움 없이 갈 수 있었다. 운 좋게 아버지 사업은 잘되고 있었다. 나에게는 모든 혜택이 당연했다. 그래서 부모님에게 고마운 줄도 몰랐고, 형제들에게 미안한 줄도 몰랐다. 형제들이 어떻게 사는지도 몰랐다.

나는 아버지 유산도 많이 물려받았다. 형제들은 내가 장손이라는 이유로 양보했다. 나는 그때도 장손이니 당연하다고 생각했다. 그러나 짧은 시간에 재산을 다 날리게 되면서 형제들과 멀어지게 되었다. 형제들은 나에게 등을 돌렸다. 서로에게 참 힘든 시간이었다. 그 시간을 돌아보면서 처음으로 형제들의 심정을 헤아리게 되었고, 천지에 자기 하나밖에 모르는 내 모습이 보였다. 눈물이 저절로 났다. 당시 남아 있는 재산은 얼마 되지 않았다. 하지만 형제들이 양보해준 재산을 지금이라도 돌려줘야겠다는 생각이 들었다. 형제들은 담담

하게 받았다. 훗날 "그런 상황에서도 이렇게 챙겨줘서 고마웠다"라
는 말도 전해왔다. 나 또한 고마웠다.

♦ 아내와 아이들에 대한 마음을 돌아볼 수 있었다

결혼 생활은 참 어려웠다. 회사가 부도날 때보다 더 힘든 것이 결
혼 생활이었다. 부도가 나고 많은 일을 겪으면서 아내도 고생이 많았
다. 이혼 이야기가 나왔다. 나는 세간의 이목과 체면이 중요한 사람
이었다. 이혼은 생각도 할 수 없었다.

명상을 하며 '왜 나에게 이런 힘든 일이 연속으로 일어날까' 돌아
보았다. 아내의 입장에서 돌아봤다. 아내를 힘들게 만든 것은 시댁이
나 재산의 문제가 아니었다. 결국 내가 가장 큰 문제였다. 나는 가정
에 대한 책임감도 없었고, 어려울 때 버팀목이 되어주지도 못했다.
이해도 배려도 한 적이 없었다. 우리는 캠퍼스 커플이었고, 싸움 한
번 한 적이 없는 부부였다. 그랬던 아내를 그렇게 만든 것은 나였다.
명상 후 내가 아내에게 해줄 수 있는 건 이혼을 받아들이는 것뿐이
었다. 그것이 내 잘못에 대한 최소한의 반성이고 사과였다.

그 후 나는 재혼을 했다. 같은 실수를 반복하고 싶지 않았다. 부
딪힘이 일어나도 묵히지 않고 나를 돌아보고, 상대 입장도 되어보고,
'그래서 그랬구나'라며 이해라도 할 수 있었던 건 명상을 한 덕이었
다. 진심으로 돌아봤다면 마음도 달라지고 행동도 달라져야 한다. 내

가 비우고 바뀐 만큼 상대가 안다. 내 마음에 남아 있는 마음만큼 거울처럼 드러나는 것이 결혼 생활이다.

아내는 내가 자신을 무시한다는 말을 자주 했다. 나는 절대로 그렇지 않다고 부인했다. 그러나 다시 돌아보면 결국 무시한 것이 맞았다. 나는 나의 감정을 무시하듯이 아내의 감정도 무시했다. 아내가 둘째를 낳고 몸도 마음도 지쳐 있을 때, 힘들다는 아내의 말에도 나는 슬그머니 귀를 닫고 있었다. 내가 힘들 때 아내가 도와주는 것은 당연했지만 아내가 힘들 때는 도와주지 않았다. 행복한 가정을 원했지만 내가 하는 말과 행동은 불화를 자초하는 방향으로 갈 때가 더 많았다.

나는 깊이 돌아보았다. 갈등이 빚어진 현실을 적극적으로 받아들일 마음도 없었고, 문제를 개선할 의지도 없었다. 사람의 마음은 돌아보지 않으면 모르는 것이었다. 그 마음으로 노력하자 아내도 진심을 알아주는 것 같았다. 못난 나 때문에 긴 세월 동안 가족 모두가 고생이 많았다. 그래도 아이들은 어려운 시절을 잘 극복해줬고, 고맙게도 잘 자라주었다. 아이들에게 너무나 미안하고 고맙다.

♦ 사회성이 부족했던 나를 보게 되었다

나는 집안의 중심이었다. 사랑받고 인정받고 남다른 대접을 받는 것에 너무나 익숙하게 길들어 있었다. 공부 잘하는 장손에게는 뭐든 허용됐다. 대입 준비에 바쁜 고3 때는 뜬금없이 조각에 몰두했다. 한 해를 재수하고 서울대에 입학하고는 한동안 장발을 하고 씻지도 않았다. 특별한 존재로 인정받고 싶었는지도 모른다. 걱정은 해도 나무라는 사람은 없었다. 주위 사람들은 나의 일탈조차도 선의로 해석해주었다. 세상이 내 중심으로 돌아가는 것이 나에게는 당연한 일이었다.

이해만 받고 살았던 나는 나도 모르는 사이에 이기주의자가 되어갔다. 그래서 형제들이나 아내가 왜 나에게 화가 나 있는지 이해할 수 없었다. 묻지도 않았다. 소통과 공감은 나와는 무관한 영역이었다. 상대는 불만이 가득해도 꾹 참고 말 한마디 못하고 있는데, 나는 '불평 없이 살아주니 참 고맙다'라고만 생각했다. 세상을 나 편한 대로 해석하고 살았다. 상대가 화를 내면 '도대체 왜 저럴까?' 생각만 하고 더는 묻지도 않았다. 내가 사람을 대하는 방식은 방관과 회피였다. 나는 사회성이 부족한 사람이었다.

명상을 하면서 나의 상태를 알게 되었다. 나는 소통이 어려운 사람이었다. 그래서 사람들과 대화를 피하고, 남의 말 듣는 일은 포기했으며, 일이라는 세계에 파묻혀 사는 것이 편했다. 눈을 감고 앉아 명상을 했다. 내가 사람을 대하는 모습을 하나하나 돌아봤다. 기억이 떠올랐다. 때때로 내가 이야기하면 사람들은 무슨 말을 하는지 잘못 알아듣겠다고 했다. 카이스트 부임 초기에도 그랬다. 내가 이야기하면 선배 교수들이 잘 못 알아들었고, 나중에는 후배 교수들도 무슨 말인지 모르겠다고 이야기하곤 했다. 그래도 그냥 그런가 보다 했다. '내가 어릴 때부터 사람들과 이야기할 기회가 많이 없었지'라고 자기변명도 했다.

나는 말이 없는 아이였다. 학창 시절, 친구들과 이야기할 때도 나는 말이 없었다. 그래서 다른 사람들과 이야기하는 것이 익숙하지 않았다. 언제부터인가 말이 많아졌지만, 나의 일방적인 이야기였다. 내가 아는 것만 이야기하고 있었다. 꼰대처럼 똑같은 말을 계속 반복하기도 했다. 사람들이 나와 이야기하는 게 참 어려웠겠다는 생각을 처음으로 하게 되었다.

메신저로 대화를 주고받을 때도 상대가 무슨 말인지 모르겠다는 말을 자주 했다. 단어만 나열했기 때문이다. 그렇게 몇 글자 던져놓고 맥락을 다 이해할 거라고 내 식으로 생각하고 살았다는 게 모든 사람에게 미안했다. 그러나 고치려고 노력하는 것도 쉽지는 않았다. 지금까지는 바뀌겠다는 마음이 없어서 바뀌지 않았다는 것도 알게 되었다. 주변에서 지적을 해줘도 나 좋을 대로 사는 것이 편했던 것이다.

나는 메시지 쓰는 것부터 바꿔보기 시작했다. 메모장에 써보고 조사도 붙여보고 뜻이 통하게 만들었다. 그리고 이 문자를 받는 사람이 어떻게 읽을까도 생각하면서 문장을 고쳐보았다. 마음이 달라지니 조금씩 소통이 되기 시작했다. 그리고 나만의 고집과 생각을 찾아 버리니까 듣는 귀도 조금씩 열렸다. 집에 가면 아이들 이야기도 귀담아

듣게 되었다. 사람들이 나의 문제점을 말해주면 두말하지 않고 돌아보려고 한다. 잘못은 빨리 인정하고, 느리고 서툴지만 고치려고 노력한다.

♦ 남과 비교하는 마음이 없어졌다

어릴 때 살았던 남산 자락의 후암동은 이토 히로부미의 별장이 있다고 소문이 무성했던 동네였다. 그만큼 고위층과 부유층이 많이 살았다. 친하게 놀던 친구들은 다 후암동에 살았고, 나는 매일 친구 집에 놀러 다녔다. 일본에서 온 친구 집에는 장난감이 다 일제였다. 비행기도 멋있고, 따발총의 불빛도 유별났다. 연필도 일제였다. 야광으로 만든 조그만 성모마리아 상도 있었다. 우리는 이불을 뒤집어쓰고 어둡게 해서 성모마리아 상의 야광 빛을 즐기곤 했다.

아버지가 장군인 친구도 있었다. 그 집에는 권총도 있고, 진짜 총알도 있었다. 시멘트 벽돌로 만든 튼튼한 개집도 있었고, 연못도 있었다. 만화책도 많았다. 어떤 집은 여름에 임시 수영장을 만들어 물놀이를 하곤 했었다. 나는 친구 부모님과 우리 부모님을 비교했다. 우리 아버지는 왜 장군이 아닐까 하는 생각을 오랫동안 했다.

미국 유학을 와서도 끊임없이 남들과 비교했다. 내가 하는 연구 주제와 남들이 하는 연구 주제를 놓고 항상 비교했다. 마음이 편하지 않았고 뒤떨어질까 봐 두려웠다. 연구실에서 집으로 갈 때도 차로 기숙사를 한 바퀴 돌았다. 한국 유학생 방에 불이 꺼진 것을 확인해야 마음이 놓였다. 공부만 열심히 했던 유학 시절이었지만, 경쟁심이 나를 괴롭히고 있었다.

카이스트에 와서도 마찬가지였다. 유능하고 유명한 교수들이 많았다. 다른 교수들이 성과물을 내어놓고, 상을 받고 이름이 드높아지면 신경이 쓰이고 편치 않았다. 나는 태연한 척, 괜찮은 척했다. 힘들었던 내 마음조차도 무시하고 외면했다. 대체 뭐가 부족해서 이러고 살았나 싶었다. 그러나 잠시 그런 생각이 들었을 뿐 자신을 돌아보고 성찰하는 것이 왜 필요한지도 몰랐다. 그런 건 정년퇴직 후에나 할 일이었다.

나는 깊이 명상을 했다. 어렸을 때부터 몸에 배어 있던 비교하는 마음을 버려보았다. 부자 동네에 살았지만 우리 집과는 비교할 수 없는 큰 부자들이 있었고, 최고로 꼽히는 명문 학교만 다녔지만 그 속에서는 열등했다. 나는 평생 행복을 밖에서 찾았던 것 같다. 끊임없이 비교하며 안간힘을 쓴 것이다. 명상을 계속하다 보니 부와 명예를 바라던 마음도 서서히 없어졌다. 새벽 먼동이 밝아오듯이 내 마음은 가벼워지고 밝아졌다.

나의 전공 분야에 대해서도 돌아봤다. 회전익 연구는 각광받는 분야가 아니었다. 그래서 초기에는 전공을 바꿀까 하고 마음이 흔들렸고 방황 아닌 방황도 했다. 그러나 명상을 하면서 욕심을 버리고 나니 내가 하는 일을 열심히 잘해야겠다는 마음이 저절로 들었다. 남의 눈치를 보고 남의 시선을 의식하지 않으니 비로소 내가 하는 일에 온전히 집중할 수 있었다. 또 내가 하는 일에 보람과 자신감도 붙었다. 무엇보다도 복잡한 마음이 없어지다 보니 여유가 생겼다. 필요하다면 새로운 일을 추진하는 것도 수월했다.

남을 돌아볼 여유도 생기고, 남에 대한 조그만 배려심도 생겼다. 이런 소소한 변화가 마음에 행복으로 스며들었다. 나는 정말 많이 바뀌었고, 또 지금도 바뀌어가고 있다. 사람들은 내가 뭘 잘해서가 아니라, 겸허하게 듣고 변화하려고 노력하는 모습을 진심으로 기뻐해 줬다. 여러모로 부족한 모습을 있는 그대로 봐주는 사람들도 고마웠다. 스스럼없이 나의 아둔함을 지적해주는 사람들도 너무 고맙고 좋았다. 그렇게 몰랐던 나를 돌아볼수록 나는 나로부터 자유로워졌다. 행복은 밖에서 구하는 것이 아니라 내 안에 있다는 평범한 이치를 깨닫게 되었다.

나의 첫 명상 이야기

♦ 명상 첫날, 내가 사진이라고?

명상을 꽤 오랫동안 해왔다. 그러나 나는 명상을 안내하는 사람이 아니라 배우는 사람이다. 명상을 하는 것과 안내하는 것은 다르다. 그래서 카이스트 명상 수업을 했던 학기 동안 전문가에게 자문을 구하고 도움도 받았다. 마음수련 명상 첫날 강의에서 내가 알게 된 것은 다음과 같다.

첫째, 사람은 눈 코 입 귀 몸, 오감으로 세상을 사진 찍어 뇌에 저장한다.

둘째, 이 사진이 사람의 마음 세계다.

셋째, 사진은 진짜가 아니듯이 각자의 마음 세계는 가짜이고 허상이다.

첫 시간에 내가 사진이고, 나의 삶도 사진임을 알게 되었다. 허상인 사진을 버리는 방법이 있다는 게 다행으로 느껴졌다. 절망 가운데 희망이었다. '이건 무조건 다 버려야 하는 거구나' 싶었다. 사진을 다 버리면 잘 살 수가 있다. 고통과 스트레스의 원인이 내 안에 있는 사진이기 때문이다. 더 중요한 것은 나의 본래 모습도 알게 된다는 것이다. 진짜 나를 찾게 되는 것이다. 한 번밖에 없는 소중한 인생이지 않은가. 인간이 어떤 존재인지를 알게 되면 누구보다 현재에 충실한 삶을 살 수가 있다.

◆ 내 인생의 첫 사진을 돌아보다

맨 처음 떠오른 기억은 다섯 살 때쯤 코스모스 옆에서 찍었던 흑백사진이었다. 서울 돈암동 집 담벼락에 있는 문을 열고 나가면 소방서의 넓은 뒷마당이 나온다. 마당에는 소방차 폐타이어가 있었다. 거기에 코스모스가 피어 있었다. 아무것도 모르던 행복했던 시절의 사진이었고, 철없이 뛰어놀던 마음의 고향 같은 것이었다. 그 시절에 대한 그리움이 세파에 시달린 나를 명상으로 이끌었는지도 모른다.

♦ 모든 삶의 기억이 사진으로 저장되어 있었다

어릴 적 살던 집 마당과 풍경도 생생하게 기억이 났다. 집 마당은 시멘트로 되어 있었고 부엌은 재래식으로 마당보다 좀 아래에 있었다. 장작을 피우는 아궁이도, 부엌에 있는 가마솥도 생각났다. 아버지 심부름으로 담배를 샀던 담배 가게 간판도 생각이 났다. 한 번은 거리가 뿌옇고 매웠다. 아마도 4·19 때 학생 데모로 연막탄이 거리를 뒤덮었던 것 같다. 초록 지붕의 전차도 떠올랐고, 뒤에 있는 개천도 어렴풋이 기억났다. 한 번은 밖에 무서운 사람이 왔다고 문을 꽁꽁 걸어 잠근 적도 있었다.

어린 시절부터 학창 시절, 유학 시절, 이 순간까지 모든 삶의 기억이 사진으로 저장되어 있음을 확실히 알게 되었다. 영화 속에서 주전자 물이 끓고 전화기가 울리는 장면처럼 내가 떠올리고 있는 이 사진 속에는 눈으로 본 것, 냄새 맡은 것, 맛으로 본 것 등 모든 것이 저장되어 있었다.

♦ 사진은 가짜고 허상이었다

명상을 함께했던 대부분의 사람들은 마음에 너무나 많은 사진들이 저장되어 있다는 사실에 놀랐다. 잘 떠오르지 않는다는 사람도 있었다. 떠올리기 싫거나, 버리기 싫은 경우도 있었다. 그것조차도 돌아봐야 할 자기의 삶이고 마음이었다.

나는 사진 세상 속에 살고 있었다. 이 속에서 울고 웃고 했던 것이다. 사진 속에는 감정과 생각도 담겨 있다. 인생이 꿈과 같고 물거품 같다는 말은 들었어도 이렇게 명확하게 설명해주는 것은 들어본 적이 없었다.

나는 어머니가 죽는 꿈을 꾸고 베개가 젖도록 운 적이 있다. 깨고 나니 꿈이었다. 내가 간밤에 무슨 꿈을 꿨다 해도 그 꿈은 깨고 나면 없는 것이다. 내가 떠올리는 사진들도 마찬가지였다. 마음을 버리면 있는 대로의 진짜 세상을 살 수 있다는 것. 그것을 가능하게 하는 방법이 있다는 사실이 생각할수록 놀라웠다.

♦ 평범한 사람도 자기성찰을 할 수 있음을 알게 됐다

명상을 하기 전에는 자기성찰은 아주 특별하고 뛰어난 사람만 하는 것인 줄 알았다. 나 역시 나를 성찰하고 싶은 마음은 굴뚝같았다. 그러나 어떻게 하는 건지 알 수가 없었다. 나에게는 먼 얘기였다. 그래서 그냥 덮어둔 채 살았다.

자기성찰은 나의 삶을 돌아보는 것으로 시작한다. 영화를 보고 주인공의 삶을 평가하는 것과 같았다. 그렇듯이 내 삶을 돌아보면 내가 어떻게 살았는지가 보였다. 그리고 무엇을 왜 버려야 하는지 깨닫게 되었다. 나만 볼 수 있는 나의 영화라는 점이 다를 뿐이다.

♦ 어릴 때의 경험이 인생의 기준이 되었음을 깨닫게 됐다

어른이 된 친구 셋이 만났다. 어릴 때 이야기를 하며 시간 가는 줄 몰랐다. 친구들도 나처럼 자기 집보다는 다른 집에 있던 가구, 텔레비전 등등이 더 생각난다고 했다. '남의 떡이 더 커 보인다'라는 인간의 속성이 어릴 때부터 마음 한구석에 자리 잡고 있었다. 어린 마음에도 자기보다 잘살면 그 집에도 자주 놀러 갔고, 자기보다 못 산다고 생각하면 상대를 무시하고 있었다.

어린 시절의 경험은 어른이 되어서도 고스란히 남아 있었다. 자동차 한 대가 간신히 올라가는 남산 기슭의 골목길 양쪽에 펼쳐지는 동네 풍경이었지만, 이때 보고 느낀 것이 나도 모르게 내 인생의 기준이 된 것이다. 어린아이의 사소한 부러움이었고 우열을 나누는 마음이었지만, 평생 나를 움직이는 잣대로 내 안 깊숙이 자리 잡고 있었음을 깨닫게 되었다.

♦ 인생의 다른 면이 보였다

어린 시절부터 다시 돌아보았다. 외갓집에 가서 지낸 기억들이 새롭게 떠올랐다. 정말로 많은 사진이 떠올랐다. 아무 말이 필요하지 않았다. 집중도 참 잘 되었다. 두세 시간이 후딱 지나갔다. 밥 먹는 시간도 아까웠다.

그러나 돌아보면 돌아볼수록 버리는 것이 능사가 아니었다. '내가 인생을 이렇게 살았구나' 하는 마음에 고개가 자꾸 숙여졌다. 명상하기 전에는 20대와 30대에 이룬 것들이 자랑스러웠다. 그때는 우월감이 전부였다. 40대에 어려워지자 나는 왜 이렇게 됐나 한숨만 쉬고 있었다. 좌절감과 원망이 전부였다. 항상 그 이상은 생각하지 못했다.

자랑스러웠지만 또 한편으로는 한심했던 20대의 마음들이 사라지고 있었다. 30대의 나를 명상을 통해 돌아보면서 나는 말을 할 수가 없었다. 내가 떠올리는 것을 아무도 볼 수 없지만, 부끄러워서 얼굴을 들 수가 없었다. 나는 나를 돌아보며 스스로를 이겨나가고 있었다.

◆ 인연들과 화해하게 됐다

전쟁 통에 형이 죽고 귀한 외아들로 태어나 자랐다. 그러다 보니 남의 말에 귀를 기울이거나, 남을 배려한다거나 이런 미덕은 나에게 없었다. 성년이 되고서도 마찬가지였다. 내 할 일이 바쁘다 보니 주변을 돌아볼 마음의 여유도 없었다.

앨범 속 형의 사진이 떠올랐다. 형은 6·25 난리 통에 네 살에 죽었다고 한다. 어른들 말로는 춤도 잘 추고 똑똑했다고 한다. 나는 형보다 잘해야 한다는 마음의 짐을 많이 지고 살았다. 세상에도 없는 형이 나의 비교 대상이며 심지어 경쟁의 대상으로 마음에 자리 잡고 있었다. 그 사실이 기가 막히고 놀랍기만 했다. 알게 모르게 남과 비교하며 인정을 받아야 안심이 되는 습관이 이때부터 뿌리 깊게 자리 잡은 것 같다.

돌아보니 평생 살면서 만난 인연들이 수없이 많이 있었다. 한 사람 한 사람에게 기대하고 바라는 마음이 정말 많았다. 나에게 고마워하겠지, 나를 알아주겠지, 그런 마음이었다. 나는 할 만큼 다했다는 마음도 있었다.

남을 원망하는 마음도 많았다. '나는 화를 내는 사람이 아닌데, 나는 점잖은 사람인데 네가 자꾸 건드리니까…'라며 뭐든 남 탓을 하고 있었고, 나는 항상 잘못이 없다고 생각하고 있었다. 다른 사람이 알고 있는 내 모습과 내가 알고 있는 내 모습 사이에는 차이가 많았다. 나는 나를 돌아보지 못하는 사람이었다. 그런 내가 명상을 하면서 자기를 돌아보고 있는 것이다. 자기를 돌아본다는 일이 나에게는 기적 같았다.

한 부인이 체험담을 얘기했다. 남편이 일주일간 여름휴가를 다녀오더니 생전 안 하던 말을 하더란다. 그동안 정말 미안했고, 고마웠다고. 평생 다정한 말 한마디 할 줄 몰랐고 가부장적이고 엄격하며, 실수 한 번 하지 않는 숨 막히는 남편이었다고 한다. 신혼 때도 들어보지 못한 사랑한다는 말까지 듣고 나니 이 명상이 어떤 건지 너무 궁금해서 왔다고 했다.

여기 와서 자신을 돌아보니 그렇게 못마땅했던 남편과 자신이 너무나 닮았다는 것을 알게 되었다고 했다. 서로가 자기 생각만 옳다고 주장하며 상대를 비난하며 살았음을 알게 된 것이다. 두 번째 단계를 마치면서 그 부인도 남편과 똑같은 말을 하게 되었다. 그동안 정말 미안했고, 이렇게 냉정한 사람과 살아준 것이 너무 고마웠다는 말을 남편에게 전했다고 한다.

◆ 버리고 나니 온 세상이 고요해졌다

모든 게 원인이 있어 결과가 있다. 남의 탓을 할 것도 없고 할 시간도 없었다. 깨쳐보겠다는 욕심도 내려놓고 방법대로 계속 버리기만 했다. 그렇게 선명했던 사진들이 희미해지면서 하나둘씩 없어지기 시작했다. 마음이 버려지고 있었다. 집착도 사라지고 있었다. 어느 순간 내 삶의 마음 일체가 없어지면서 불안했던 나도 없어지고 온 세상이 고요했다. 아주 신기한 일이었다. 첫날 첫 강의부터 '나'라는 존재는 허상이라고 누누이 알려줬지만 마음이 모르면 모르는 것이었다.

나라는 존재는 '가짜'였다. 내가 없어지고 나니 비로소 허상임이 확연했다. 나라는 존재에 집착하고 있던 것은 나였다. 가짜인 내가 없어지니 우주밖에 없었다. 더 바랄 것이 없었다. 이보다 더 큰 기쁨이 없었다. 힘들었고 고민이 많았고 우왕좌왕했던 것은 모두 이 마음을 몰랐기 때문이었다. 이날의 깨우침은 내 인생의 큰 전환점이 되었다.

나는 그렇게 2주일간 내 인생에서 가장 의미 있는 시간을 보냈고 집에 돌아왔다. 내가 처음으로 명상을 하게 되었을 때의 경험들이 명상을 이해하는 데 다소 도움이 되었으면 하는 마음에서 자세히 서술해보았다. 명상을 하다 보면 듣고 본 것이 자기 마음이 된다는 것을 알게 된다. 명상 이야기도 더 자세히 하게 되면 이것도 읽는 사람의 마음이 되어서 명상하는 데 방해가 될까 봐 조심스럽다.

과정을 마치고 학교에 가니 동료 교수, 선배 교수님들이 참 고맙게 느껴졌고 훌륭하다는 생각이 들었다. 세상 보는 눈이 많이 달라졌다. 내가 미워했던 사람들이 고마웠다. 나를 미워하는 사람들도 고마웠다. 그들이 아니었으면 내 속의 그 많은 미움을 버릴 수 없었을 것이다. 또 나에게 인정받고 대접받고 싶은 마음이 얼마나 많은지도 알 수 없었을 것이다. 세상에 고맙지 않은 사람이 아무도 없었다. 이 마음이 변하지 않으려면 공부를 꼭 끝까지 해야겠다는 생각이 들었다. 이렇게 2주간의 첫 명상 경험을 한 뒤부터 학교 근처의 지역센터에 다니기 시작했다.

명상을 하며 내가 비워낸 마음들

◆ 돈에 대한 집착

명상을 하다 보면 누구나 물질적인 가치를 추구하는 마음을 내려놓게 된다. 나 또한 돈이 행복의 기준이었던 사람이고 그런 가치관을 당연하게 생각했었다. 그러나 돈에 대한 마음이 클수록 돈 때문에 울고 웃는 삶을 살게 된다. 나도 피 말리는 그 지옥을 경험한 바 있다.

수십억을 벌었지만 행복하지 않다는 사람도 있었다. 처음 1억을 벌었을 때가 제일 행복했다는 것이다. 그 사람은 돈을 버느라 몸도 상하고 잠도 못 자고 쉬지도 못했다. 본말이 전도된 것이다. 돈의 노예가 되어 돈을 벌려고 애쓰면 그 집착 때문에 오히려 돈은 벌리지 않는다. 몸도 마음도 상하게 된다.

'무소유'의 본래 의미는 마음에 가진 것이 없어야 한다는 뜻이고, 마음이 가난해야 한다는 말은 곧 마음을 깨끗하게 비우라는 말이다. 돈에 집착하는 마음이 없으면 어떤 상황에서도 혹하지 않고 정확한 판단을 내릴 수 있다.

✦ 열등감

열등감에서 자유로운 사람은 아무도 없다. 인간은 태어날 때부터 약하고 의존적인 존재이기 때문이다. 어릴 때 형에게 느꼈던 열등감은 내가 노력하고 성장할 수 있는 성취동기가 되었다. 그러나 중고등학교 때부터 의식하던 열등감은 나의 가시적인 성취에도 불구하고 내면 깊숙이 자리 잡고 있었다. 나는 명상을 하면서 열등감과 우월감, 무력감과 좌절감, 허영심과 과시욕을 돌아보고 다 찾아서 버렸다. 그러고 나니 남의 평가와 시선에 흔들리지 않고, 소신껏 내가 할 일을 찾아 집중할 수 있었다. 한 우물만 파다 보니 결과적으로 내 분야에서 내가 한 만큼의 능력을 가지게 되었다.

남을 의식하고 남의 평가를 두려워하는 마음을 버리면서 용기도 생겼다. 못한다는 마음이 없으니 새로 배우는 것이 즐거웠다. 뭐든 배우고 익히게 되었다. 비교하고 경쟁하고 이겨야 하는 삶이 전부가 아니었다. 서로 도와주고 협력하는 공존의 삶도 있었다.

✦ 인정 욕구

남에게 인정을 받으면 좋은 줄 알았지만 그게 다가 아니었다. 한 번 인정받으면 그다음에는 더 인정을 받으려고 했다. 다른 사람들의 눈치를 많이 보게 되었다. 싫어도 "좋습니다. 괜찮습니다"라고 말했고, 좋아도 "아닙니다. 저는 괜찮습니다"라며 양보를 했다. 속으로는 '이게 아닌데…' 싶었지만 사람들로부터 외면당할까 봐 솔직할 수가 없었다. 사람들에게 인정받지 못하면 온갖 마음이 밀려와 나를 괴롭혔다. 미움, 원망, 열등감, 자기 비하 등 지옥이 따로 없었다. 인정을 받지 못하면 외롭고 허전했고, 쓸모없는 사람이 된 것 같았다. 내가 타인의 칭찬과 인정에 얼마나 의존해왔는지 알 수가 있었다.

나로서는 버리기 힘든 마음이었다. 그러나 사람들의 평가에 의존하는 마음을 버리니 편안해졌다. 남을 의식하지 않고 살아도 아무 문제가 없었다. 잘하려는 마음 없이, 잘한다는 마음 없이 사람들과 평범하게 잘 지내고 자기 일을 열심히 하면 굳이 인정받으려고 애쓰지 않아도 된다는 깨달음을 얻었다.

✦ 외로움

너무나 외롭고 힘든데 마음을 터놓고 말할 사람이 없다는 분이 있었다. 나 역시 마찬가지였다. 마음이 힘들어지면 나만 고립돼 있는 것 같았고 말할 데도 없었다. 사람들이 나를 피하고 싫어하는 것 같기도 했다. 내가 힘드니까 내 마음을 좀 알아줬으면 좋겠고, 나에게 잘 대해줬으면 하는 바람만 있었다. 그리고 내가 바라는 것을 해주지 않는 사람들을 원망했다.

그런데 생각해보니 이보다 우스운 일이 없었다. 나는 누구에게도 이렇게 해준 적이 없었기 때문이다. 심지어 가족이 나 때문에 힘들다고 말해도 들리지 않았고 신경도 쓰지 않던 나였다. 내가 정말 이기적이었다는 걸 깨달았다.

자신을 진솔하게 돌아보는 것은 쉬운 일이 아니다. 그렇더라도 자기만 옳다고 생각하는 그 좁은 마음을 조용히 돌아보고 버려보라. 상대를 대하는 마음이 달라질 것이다. 상대도 달리 보인다. 내가 봐왔던 그 사람이 아니다. 내가 사람을 좋아할 수 있어야 사람들도 나를 좋아하게 된다.

♦ 두려움과 불안

하늘이 무너질까 봐 걱정했던 사람처럼 나도 일어나지 않을 일을 무서워했다. 어린 시절의 나는 부모님 싸움에 눈치를 보았고, 아버지의 호통도 무서워했다. 좁은 골목길도 무서웠다. 두려움을 극복하기 위해 합기도장을 일 년간 다니기도 했다. 체육 시간에 뜀틀 넘는 것도, 등산길의 바위를 넘는 것도 무서웠다.

두려움의 범위는 넓어졌고 불안은 점점 확대되었다. 남 앞에서 말하는 것, 책 읽는 것, 발표하는 것이 다 두려웠다. 나는 심약했다. 두려움에 빠지기 시작하면 감당이 되지 않았다. 두려움을 정면으로 바라볼 용기도 없었다. 머릿속이 하얘지기만 했다. 어떻게 해서라도 피하고 도망가야 했다. 도망갈수록 불안은 더 커지고 막연하고 강해졌다.

명상을 하고 보니, 두려움은 미래를 걱정하는 마음이라는 걸 알게 됐다. 무서운 사람을 만날까 봐, 아버지에게 혼날까 봐, 비행기에서 죽을까 봐, 내가 다칠까 봐, 내가 잘못될까 봐…. 일어나지 않은 일을 미리 걱정하는 것이었다. 비겁했다. 명상을 하지 않았다면 나는 평생 불안 뒤에 숨어 살았을 것이다. 마음이 가짜라는 것이 나에게는 희망이었다. 이제 더는 불안이 나를 망가뜨리지 못한다. 내가 두려워하지 않고 도망가지 않기 때문이다. 돌이켜보면 불안은 나를 긴장시키고 더 준비하고 노력하게 만들었다. 불안도 고마운 것이었다.

♦ 행복해지려는 마음

지금은 행복할지도 모른다. 그러나 내일도 행복하리라는 보장은 없다. 누구나 행복하게 살고 싶겠지만 항상 행복할 수도 없고, 행복을 바란다고 행복해지는 것도 아니다. 나는 어릴 때부터 부러워하던 것을 가지면 행복했다. 그리고 남들이 갖지 못한 부와 명예가 채워지면 행복하다고 느꼈다. 그러나 행복의 수단을 잃으면 절망하고 불행해졌다.

당장은 원하는 학교에만 가면 행복할 것 같지만 막상 입학을 하고 나면 현실은 내 생각과는 다르게 마련이다. 원하는 직장에만 합격하면 만사가 다 해결될 것 같지만 직장은 새로운 스트레스와 경쟁과 불안의 시작이 된다. 행복을 추구하는 마음에는 행복이 깃들 수 없다. 불행을 두려워하는 마음이 숨어 있기 때문이다. 행복해지려는 마음까지 버리면 어떤 조건에서도 행복할 수 있었다.

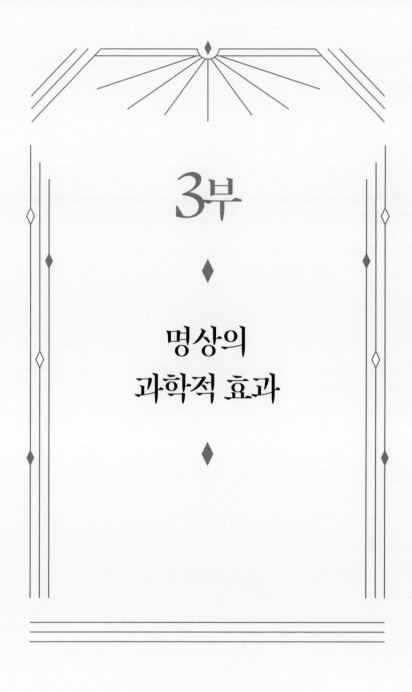

3부

명상의
과학적 효과

사람들이 명상을 하는 이유

♦ 모든 것은 마음이 만든다

명상을 하고 나서 "스트레스가 없어졌다", "긍정적인 사고를 하게
되었다"라고 말하는 사람이 많다. 학생은 물론 직장인, 주부, 운동선
수, 조종사 등 다양한 직군의 사람들이 이렇게 말한다. 나 역시 남과
비교하는 마음을 버리고 나니 하루 종일 바쁘게 움직여도 일과가 편
안했다. 내가 하는 일에 더 열중할 수 있게 되었다. 남의 시선을 의식
하는 데 에너지를 낭비하지 않기 때문이다. 부정적인 생각이 사라지
니 자연스레 긍정적인 변화가 생긴다.

명상을 하고 나니 주변 사람들이 위대해 보이고 고맙다는 생각도
저절로 들었다. 그동안 남을 내 잣대로 판단해왔다는 것이 부끄러웠

다. 무엇보다도 명상을 하면 내 안에 참마음만 남아 사람을 대할 때 진심으로 대하게 된다. 사람들이 명상을 하는 이유는 다양하다. '행복하게 살고 싶어서', '마음의 평화를 가지고 싶어서', '삶의 문제들을 해결하고 싶어서'…. 그 이유가 무엇이든 자기를 돌아보고 버리면 모든 문제는 해결된다. 어떻게 모든 문제가 해결된다고 할 수 있을까? 모든 건 마음이기 때문이다. 모든 것이 마음에서 비롯되었고, 마음으로 벗어나게 되며, 마음으로 이루어지기 때문이다.

◆ 마음을 버릴 때 나타나는 효과

첫째, 인간관계가 좋아진다

마음이 무거우면 남의 말을 듣고 수용하고 이해하는 일이 고되고 힘들다. 내 생각이 옳다는 마음이 강할수록 많이 부딪히고, 고립되며 외롭다. 자기 마음을 버리면 자기중심적이지 않아서 상대의 말을 잘 들어줄 수 있다. 수용하고 이해할 수 있는 마음이 되기 때문에 모두가 좋아한다.

둘째, 함께 사는 법을 알게 된다

각자 자기 생각이 강할 때는 모이면 싸우고 부딪힌다. 겉으로는 웃어도 서로가 시비하고, 시기하고, 밀어내고, 솔직하지도 못하다. 고마워하고 너그러운 마음일 때 하는 일도 잘 풀리고 행복한 삶을 살 수 있다. 마음을 버리면 사람의 존재 가치도 알게 된다. 누구 하나 소중하지 않은 사람이 없다. 함께하면 못 할 일이 없고, 사는 즐거움도 알게 된다.

셋째, 능력이 생기고 성공도 하게 된다

번뇌가 많고 머리가 복잡한 사람은 생각이 많아서 실행력이 부족하다. 못한다는 생각, 못할 거라는 생각, 못하면 어쩌나 하는 부정적인 생각이 나를 가로막는 장애물이다. 부정적인 마음이 없으면 새로운 목표도 차근차근 잘 이루게 된다.

또 나에게 없는 것을 바라기만 하는 허황된 마음을 버리면 현재 내가 하는 일에 최선을 다하게 된다. 성공은 진심 어린 노력에 대한 결과다. 이것이 능력인 것이다.

넷째, 건강해진다

병은 대개 마음에서 온다. 스트레스인 마음을 없애면 정신과 몸의 건강이 좋아진다. 몸은 마음과 하나여서 꽉 막힌 마음이 풀리면 기혈이 잘 통하게 된다. 기혈이 잘 통하면 면역력도 좋아진다.

불면증이 있는 사람들이 의외로 많다. 불면증의 주원인으로 생각이 많은 것을 꼽을 수 있다. 생각이 많은 이유는 생각과 감정을 잘 소화하지 못하기 때문이다. 아무리 생각이 많아도 해결을 잘하면 문제가 되지 않는다. 해결 방법을 몰라서 번뇌에 시달리는 것이다. 번뇌와 망상이 꼬리에 꼬리를 물고 일어나기 때문에 불면을 가져온다. 낮에 열심히 움직이고, 명상으로 하루를 비우고 정리하면 깊은 잠을 이룰 수가 있다.

명상을 하면 나이를 종잡을 수가 없다는 말도 자주 듣는다. 주변 사람들을 봐도 대개 10년은 젊어 보였다. 마음이 없으니 그런 것이다. 자기 몸에 맞게 운동하고, 음식도 알맞게 정갈하게 먹으며 보편타당하고 건강한 삶을 살게 된다.

♦ 교육 현장에서 확인하는 명상의 효과

명상을 하고 나니 교육 현장에 관심을 가질 수밖에 없었다. 새로운 세대는 더 이상 경쟁하고 상처를 주고받는 삶이 아니라, 화합하고 공존하는 삶을 살았으면 했다. 명상을 한 교수나 교사가 모이면 다들 비슷한 생각을 하게 됐다.

뜻이 같은 교육자들이 모여 2008년에 전인교육학회를 만들었다. 2009년 카이스트에서 제1회 학술대회를 개최하고 학회지도 발간했다. 나는 학술이사로 활동하다 2016년부터 회장으로 활동했다. 전인교육학회는 인성교육의 대안으로 명상 프로그램을 개발하고 운영해왔다. 유·초·중·고등학교의 학교 명상 프로그램을 비롯하여, 대학생 인문교양 수업 교육과정, 그리고 교육자를 위한 힐링 및 역량 강화 프로그램 등이다. 또한 지역사회 주민의 행복과 정신건강 증진을 위한 프로그램도 진행해왔으며, 이런 프로그램들을 강의하고 안내할 인성교육 전문가를 양성하고 활동을 지원하기도 했다. 학술대회에서는 교육자는 물론 학자와 전문가 들이 모여 프로그램과 연구결과를 발표해서 공유한다. 현장에서 직접 실행한 명상의 효과를 확인하는 일은 참으로 보람되었다. 분명한 희망이 보였기 때문이다.

학회에서 진행한 연구를 중심으로 명상의 효과를 들려주려고 한다. 명상 후 효과는 연구논문의 지표로도 나타난다. 일곱 번째 수업에서 언급한 바 있는 뇌신경과학자 크리스토프 코흐는 "명상은 인간의 지혜와 의식에 어떤 관련이 있는가?"라고 질문했다. 이번 장이 그에 대한 답이 될 것으로 기대한다.

명상 효과 1

행복

♦ 사라지지 않고 잃어버리지 않는 행복

인생의 바닥을 쳤다고 느꼈던 시절의 일이다. 정신적으로도 힘들었지만 부도를 감당하기는 정말 힘들었다. 명상을 하면서 그 위기를 넘길 수가 있었다. 나는 절망하지 않고 부지런히 움직여서 부채를 갚았다. 나에게는 남은 것도 없었지만 그때 오히려 무한한 행복을 느꼈다. 날아갈 것 같았다. 그때 아는 이에게 차 한잔이라도 대접하는 여유도 생겼다. 내가 평생 재직해온 학과에 진심으로 감사하며 형편에 맞춰 작은 기부도 하게 되었다. 행복의 기준이 없으면 어떤 조건 속에서도 행복 그 자체를 느낄 수 있다. 지금 이 순간 존재하는 기쁨이다. 헛되게 바라는 마음이 없어서 매 순간이 그냥 행복한 것이다.

하버드대 긍정심리학으로 유명한 탈 벤 샤하르Tal Ben Shahar 교수
는 "행복이란 자신의 내면을 들여다보는 것에서부터 시작된다"라고
했다.[12] 명상으로 이것이 가능하다.

♦ 대학생의 정신건강, 행복 지수, 행복감

대한민국 대학생의 낮은 행복 지수에 대한 지표는 젊은 층의 높
은 자살률로도 나타난다. 대한민국은 34개 OECD 국가 중 자살률
1위로, 연간 평균 대학생 자살자 수는 230명에 이르고 있다. 통계청
이 발표한 '2020년 사망원인 통계 결과'에 따르면 지난해 모든 연령
대의 사망률이 낮아지는 가운데서도 유독 20대만 사망률이 5.8% 증
가한 것으로 나타났다.

행복 지수는 자신이 얼마나 행복한가를 스스로 측정하는 지수
다. 2010년 한국심리학회가 한국인의 문화적 특성을 반영해 대한민
국의 행복 지수를 조사한 결과는 63.22점이었다. 2010년 내한한 행
복심리학의 대가인 에드 디너Ed Diener 교수는 "최근 130개국에서 모
은 갤럽 자료를 분석한 결과, 높은 경제 수준에도 불구하고 한국인의
삶의 만족도는 130개국 중 중위권이고, 기쁨과 같은 긍정적 정서를
느끼는 정도는 하위권"이라고 밝힌 바 있다. 특히 대학생의 행복 지
수는 56점으로 다른 연령대보다 더 낮게 나타났다. 대학생 캠프에서
명상을 시작하기 전에 측정한 대학생의 행복 지수 역시 56.23점으로

비슷하게 나타났다.

　명상은 대학생들의 행복 지수를 크게 높였다. 일주일간 명상캠프에 참가한 대학생 160명을 대상으로 행복 지수를 측정했다. 1일 6회, 1시간 30분씩이었다. 행복 지수는 불과 일주일 만에 56.23점(100점 만점)에서 64.52점으로 증가했고, 행복감 역시 60.83점에서 70.33점으로 증가했다.

　대학생 캠프에 참가한 학생들은 정신건강도 좋아진 것으로 나타났다. 대학생들에게 요청한 설문은 자율신경계의 영향을 받는 순환기, 소화기, 호흡기 및 기타 기관의 장애와 두통, 통증 등 신체적 기능 이상에 대해 주관적으로 묻는 신체화 12개 문항을 비롯해 강박, 우울, 불안, 적대감, 편집증 등 9개의 증상 차원을 묻는 90개의 문항으로 구성돼 있다. 설문 결과, 정신건강 9개 증상 차원이 매우 감소했다. 일주일간의 명상으로 이런 결과가 나타난다는 것은 의미하는 바가 크다.

◆ 대학생 명상캠프 참가자 전후 변화*

　명상은 대학생들의 마음을 어떻게 변화시켰을까. 학생들이 글에서 사용하는 단어를 보면 명확히 나타난다. 대학생 명상캠프에 참가한 928명의 명상 후기를 분석했다. 2014년부터 2019년까지 5년 동

---

* 엔비보NVivo를 통한 체험담 단어 빈도수 분석

안 참가한 25~31기 캠프 대학생들의 후기다. 자유로운 형식의 서술에서 사용 단어 빈도수를 분석해보았다.

대학생 명상캠프 전에 가장 많은 빈도로 보이는 단어는 '힘듦'이었다. 그다음이 '고민, 걱정, 스트레스, 의심, 의구심' 순이었다. 6박 7일간의 명상 후에는 '감사함'을 가장 많은 빈도로 표현했다. 그다음은 '행복, 함께, 고마움, 진심, 좋음' 순이었다.

명상 전   명상 후

기간을 달리하거나 한 기수(28기 145명 대상)로 한정해 분석해봐도 결과는 비슷하게 나타났다.

명상 전 　　　　　　　　　　 명상 후

　　단어 사용 빈도수 분석을 위해 수집된 대학생들의 후기를 보면 대학생들의 고민과 변화된 모습이 그대로 나타난다. 다 소개하지 못 하는 것이 아쉬울 정도다. 버렸다고 생각했던 기억들이 여전히 자신을 붙잡고 있음을 자기성찰을 통해 알게 되고, 번아웃과 트라우마를 극복하기도 했다. 마음이 달라지고, 얼굴이 달라지고, 삶이 달라지는 학생들이 너무 고마웠다. 내 인생이 달라져서 알게 된 행복과는 또 다른 행복이었다. 젊은 세대가 이 학생들처럼 밝게 빛나고 행복했으면 좋겠다.

명상 효과 2

뇌파 변화

♦ 8만 건의 자료 중 처음 보는 뇌파

내가 뇌파에 관심을 갖게 된 것은 카이스트에서 명상 수업을 하면서였다. 그 이전에도 명상을 하면서 몸이 건강해지는 신체적 변화도 경험했고, 머리가 맑아지고 집중력이 높아져서 명상이 뇌 기능을 향상시킨다고 확신했지만, 더 관심을 갖지는 않았다. 그러다 명상 수업을 진행하고, 이어서 코세라 온라인 강좌 개설을 위해 뇌과학 전문가들을 만나게 되면서 관심을 구체화하게 되었다.

이에 흥미를 느낀 교수들과 함께 명상이 뇌를 어떻게 변화하게 하는지 그 효과에 관해 연구했다. 학생들의 변화나 내가 명상하며 했던 경험들을 실증적인 지표로 정리하고 싶었다. 나의 뇌과학적 소양이 부족하고 연구도 시작에 불과했지만 명상의 효과는 분명했다.

뇌파 측정 전문기관인 (재)한국정신과학연구소에서 간단한 방법으로나마 나의 뇌파를 측정해보았다. 당시 측정에 참가했던 전문가는 나의 뇌파를 보고는 "그동안 연구소에서 찍은 8만 건의 자료 중 처음 보는 뇌파"라고 했다. 내가 보기에도 눈을 감을 때는 알파파*가 뚜렷하고 강하게 나타났고, 눈을 떴을 때도 베타파**가 깨끗했다.

◆ 청소년과 교사의 명상 후 뇌파 변화
   - 주의 집중력, 기억력, 문제해결 능력의 향상

교수들과 함께 가장 먼저 측정한 것이 청소년과 교원의 뇌파 변화였다. 청소년과 교사가 명상을 하면 명상 전과 후 뇌파에 어떤 변화가 있을까 궁금했다. 명상을 할 때 전두엽과 후두엽 영역의 변화를 알아보고 싶었다. 명상을 통해 나타난 마음의 변화는 뇌파에도 나타났다.

명상 전후 16채널의 뇌파를 충남대학교 신경외과 김재문 교수가 측정했다. 뇌파 분석은 고려대학교 신경과 정기영 교수(현 서울대)가 진행해주었다. 분석 결과 청소년은 명상 후 알파파 중 10~12Hz의

---

* 각성 상태 중에서도 비교적 이완한 상태에서의 뇌파로 특히 눈을 감았을 때 두드러진다.
** 일상적인 인지작용 및 사고 활동 시에 발생하는 뇌파다.

높은 알파 영역인 알파2[•]가 통계학적으로 아주 의미 있게 감소되었다. 이것은 내면으로의 주의 집중이 증가함을 의미한다.

청소년 명상캠프(2011.12.30.~2012.1.18. 20일간)에 참여한 357명 중 부모의 동의를 얻어 16명의 뇌파 변화를 측정했다. 또한 교원 자율연수(2012.1.7.~2012.1.14. 7일간) 프로그램에 참여해 1단계를 마친 교원 16명도 측정에 참가했다. 이들은 전에는 전혀 명상을 접해보지 않았다. 명상 경험이 전혀 없었던 일반인이 7~20일 동안 마음·빼기를 한 후 뇌파 변화를 측정했다는 데 의미가 있다.

청소년과 교원은 공통으로 뇌파 중 알파2의 감소가 나타났다. 내면으로의 주의 집중이 증가한 것이다. 기억된 생각의 사진들을 버리는 마음·빼기 방법의 특성상 뇌 후두부의 시각과 관련된 후두엽이 변화되었다. 예상된 결과이기도 하다. 그러나 전두엽의 변화는 의외의 결과였고 매우 의미하는 바가 크다. 전두엽은 기억력, 사고력, 추리, 계획, 운동, 감정, 문제해결 등 고등정신작용을 관장한다. 인간이 인간다움을 유지하고 성숙할 수 있도록 기능하며 다른 포유류와 구분되는 가장 복잡한 기능을 수행하는 부분이기 때문이다.

대개 명상을 하면 알파파가 증가한다. 그러나 마음을 버리는 명상은 알파2 영역이 감소했다. 이는 내면적인 주의 집중과 인지적 수행이 좋아진다는 의미다.[13] 놀라운 점은 측정 대상자가 이전에 명상

• 지각 시 뇌 상태를 하향처리(기존의 지식을 기초로 해당 정보에 의미를 부여함)의 방향으로 편향시킨다.

을 경험한 적이 없는 일반인으로 불과 일주일에서 보름간 명상을 한 결과라는 점이다. 숙련된 명상을 할 수 있는 기간이 아니라는 점으로 봤을 때 이와 같은 결과는 매우 고무적이었다.

교원은 후두엽에서의 뇌파 변화가 두드러졌다. 마음을 버린다는 것은 뇌에 저장된 정보를 버리는 것이다. 뇌에 저장된 정보는 시각 정보가 많기 때문이라 추측한다. 명상 시간이 좀 더 길었다면 교원도 전두엽의 변화가 있었을 것이다.

청소년의 경우 알파2의 변화가 뇌 전체 영역에서 나타났다. 특히 전두엽 영역에서 매우 의미 있게 나타났다. 전두엽은 청소년기에 발달하는 것으로 알려져 있기 때문에 청소년의 전두엽이 변한다는 것은 매우 시사하는 바가 크다. 시각과 관련된 뇌후두부에서도 좌뇌와 우뇌에서 아주 유의미하게 알파2가 감소되었다. 특히 좌뇌에서는 더 의미 있는 감소가 있었다. 뇌전두부에서는 후두부보다 좌우 고르게 더 의미 있는 감소가 나타났다.

♦ 뇌 기능 지수의 변화
  - 주의 지수, 항스트레스 지수 등 뇌 기능의 전반적인 향상

뇌 기능 지수는 모든 지수를 기반으로 뇌의 기능을 종합 평가하는 지수다. IQ나 EQ와 달리 직접 뇌파를 측정하기 때문에 좀 더 정확하고 폭넓은 정보를 제공한다. 대학생들을 대상으로 조사한 결과, 명상

4주 후 뇌 기능 지수의 평균값이 명상 전 66.03에서 명상 후 72.08로 9.16%의 증가를 보였다. 뇌 기능과 조절 능력이 크게 향상된 것이다. 교사들도 마찬가지의 결과를 보였다. 특히 주의 지수*와 항스트레스 지수** 모두 우뇌의 기능들이 변화되었다는 점은 주목할 만하다. 좌뇌와 우뇌가 균형을 이루어낼 때 뇌 기능이 최적화되기 때문이다.

이 측정은 2012년 12월 대학생 명상캠프에 참여한 대학생들 중 캠프를 마치고 4주 후까지 명상을 계속한 11명을 대상으로 했다. 또한 2013년 1월 교원직무연수 프로그램(7박 8일)에 참가한 교사 중 32명을 대상으로 하였다.

마음빼기 명상 프로그램은 대학생의 뇌 기능과 조절 능력을 향상시켰다. 주의 지수와 항스트레스 지수뿐만 아니라 전반적인 뇌 기능을 나타내는 뇌 기능 지수가 크게 향상되었다. 또한 일부 대상자의 원시뇌파를 3차원 그래프로 변환한 뇌파의 변화를 살펴보면 마음빼기 후 뇌파가 전체적으로 안정된 것을 볼 수 있었다. 교사들의 경우

- 주의 지수는 연령 기준에 따라 뇌의 각성 정도를 판단하는 지수다. 주의 지수가 높게 나타나면 뇌가 맑게 각성되어 면역기능이 높은 상태에 있다는 것을 의미한다. 마음빼기 명상은 대학생의 뇌를 각성시키며 주의 집중력을 높이는 결과를 가져왔다. 교원도 명상 후 주의 지수가 유의미하게 증가했다.

- 항스트레스 지수는 내외적 환경 요인으로 인한 육체적·정신적 스트레스의 저항력을 나타내는 수치다. 스트레스에 대한 저항 지수는 높을수록 좋다. 교원과 대학생의 항스트레스 지수는 모두 유의미한 증가를 보였다. 주관적으로 느끼는 스트레스뿐 아니라 뇌파에도 유의미한 변화를 가져오므로, 마음빼기 명상은 스트레스 대처에 좋은 중재 프로그램이 될 것이다.

정서 지수˙가 매우 안정된 것으로 나타났다.

아래 데이터에 나타난 뇌파를 보면, 명상 전후로 집중력, 주의력, 휴식이 모두 증가한 것을 알 수 있다.

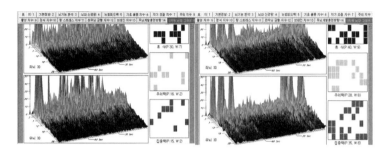

| 교원 A의 명상 전(왼쪽)과 명상 후(오른쪽)의 3차원 뇌파 그래픽 |

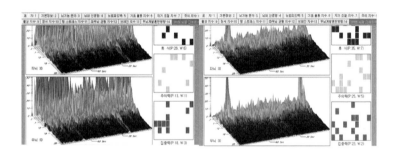

| 교원 B의 명상 전(왼쪽)과 명상 후(오른쪽)의 3차원 뇌파 그래픽 |

- 정서 지수는 알파파(8~12 Hz)를 중심으로 정서적 안정과 불안정 상태를 살펴볼 수 있다. 좌뇌의 알파파에서 우뇌의 알파파를 뺀 값이 '+'이면 우울한 정서이며, '-'이면 명랑한 상태다. 교원들은 명상 연수에 참여한 분들로, 뇌파 측정 시 명상 전에도 82.24점으로 최상의 '매우 안정' 수치가 나타났고, 명상 후에는 83.04점으로 소폭 증가했으나 최상의 안정 상태를 보여주었다.

3차원 그래픽으로 나타나는 뇌파는 명상 상태에서 눈을 뜨고, 눈을 감고, 다시 눈을 뜨고 기록한 신호다. 왼쪽은 명상 전, 오른쪽은 명상 후 뇌파다. 각 그림의 가로축은 30초, 60초의 시간 단위 표시가 있다. 세로축에는 뇌파를 나타내는 주파수(헤르츠, Hz)가 표시된다.

명상 전 교원 A의 뇌파는 눈을 뜨거나 감은 것에 관계없이 좌뇌, 우뇌 뇌파가 전반적으로 불안정하게 나타난다. 그러나 명상 후에는 전반적으로 뇌파가 안정적이다. 특히 눈을 감은 상태인 30초와 60초 사이에 우뇌의 뇌파가 눈에 띄게 안정적으로 나타났다. 눈을 감았을 때는 8~12Hz의 알파파가 활성화되었고, 눈을 떴을 때는 12Hz 이상의 베타파가 활성화된 것을 볼 수 있다. 눈을 감았을 때와 눈을 떴을 때의 상태가 명상 후에 확연히 구분된다. 명상 후 우뇌의 안정된 뇌파를 잘 보여주고 있다.

각 그림의 오른쪽 막대 모양은 휴식, 주의력, 집중력을 보여준다. 명상 전후 휴식은 30에서 40으로, 주의력은 16에서 28로, 집중력은 15에서 35로 크게 향상되었음을 알 수 있다. 특히 주의 집중력 점수가 크게 향상되었다. 전체적으로 휴식, 주의력, 집중력이 향상되었다는 것은 뇌의 각성 시 자율신경계 조절 능력을 나타내는 자기조절지수가 크게 향상되었음을 말한다.

교원 B의 뇌파도 명상 전에는 눈을 뜨거나 감은 것에 관계없이 뇌파가 불안정하게 나타난다. 명상 후에는 뇌파가 안정적으로 보이며 눈을 감은 30초와 60초 사이에 좌뇌, 우뇌 모두 알파파가 잘 나타남을 알 수 있다. 교원 A와 마찬가지로 각 그림의 오른쪽에 나타나는 휴식, 주의력, 집중력 수치도 명상 후에 크게 향상되었음을 알 수 있다.

심리학계에서는 뇌는 마음과 동의어라고 정의하면서, 마음을 이루는 물질적 토대가 뇌라고 말한다. 다시 말해, 마음은 생물학적으로 뇌의 작용이며, 뇌의 모든 기능이 활성화될 때 그 기능이 현상학적으로 마음에 나타나게 된다는 것이다. 그러므로 마음은 뇌의 기능에 영향을 받고, 뇌의 기능은 마음의 작용과 연결된다고 할 수 있다.

나의 변화는 곧 뇌의 변화다. 그 중요한 뇌를 변화시킬 수 있는 것은 마음뿐이다. 채우는 것이 아니라 비우는 것으로, 가라앉힌 마음을 빼서 없앰으로써 온전히 가능하다.

명상 효과 3

스트레스와 우울감 감소

◆ 비교하는 마음이 가장 큰 스트레스였다

매일같이 받는 스트레스 중 하나는 남과 비교하는 일이었다. 학교에 재직하다 보면 누구는 무슨 상을 받고 누구는 어떤 큰 연구를 한다는 소식이 거의 매일 들리다시피 한다. 언젠가부터 이런 일들이 무척 신경 쓰였다.

카이스트에 와서는 초창기부터 논문을 쓰는 것이 스트레스가 되었다. 누구는 참 많이 쓰는데 나는 잘 쓰지 못한다고 스스로 비교했다. 승진 때가 되면 논문이 제일 신경 쓰였고, 승진이 돼도 논문 쓰는 스트레스는 여전했다. 다행히 명상을 하면서 비교하는 마음들을 떠올리면서 버렸다. 명상하며 버렸을 때 참 효과가 좋았다. 기분이 좋았고 스트레스도 없어졌다. 스케줄표에는 여전히 일정이 가득해도 마음은 여유가 있었다.

내 인상이 온화하고 늘 웃는 인상이라고 하는 학생들도 있다. 명상을 하고 여유가 생기니 인상도 바뀌는 것 같다. 하지만 예전엔 인생이 내 뜻대로 되어야 한다는 생각 때문에 삶의 다양한 모습을 받아들일 수가 없었다. 그래서 참다가 화를 낸 적이 있고, 하찮은 것에 화를 낸 적도 있다. 다른 사람은 괜찮은데 나만 화를 낼 때도 있었다. 그럴 때는 나를 이해해주지 않는 사람들이 마음에 걸리기도 했다. 명상을 한 이후로는 그런 마음을 바로 버릴 수 있었다.

♦ 화, 불안, 우울, 스트레스의 뿌리

명상을 하면서 알게 된 것은 나의 아버지도 비슷했다는 점이다. 나에게는 잘해주시던 분이었지만 어떤 때는 불같이 화를 내시기도 했다. 어렸을 때 여러 형제가 같이 공부하다가 방을 어지른 적이 있었다. 퇴근 후 이 광경을 본 아버지는 어질러진 책을 모조리 마당에 내다 버리신 적이 있다. 그렇게 욱하는 성질이셨다.

나는 온순한 편이지만 나도 모르게 욱하고 올라올 때가 있다. 이러한 내력은 뇌가 기억하고 있고, 나의 세포가 기억하고 있었다. 단순히 기억만 하는 게 아니라 화, 분노, 스트레스가 뒤엉킨 생각, 마음이 된 채 말이다. '나는 그러지 말아야지' 하고 눌러도 결국 터지고야

말았던 그 마음들도 버리려고 하면 버려졌다. 예전엔 집안 내력은 어쩔 수 없다고 생각했다.

지금은 뿌리 깊은 습관도 찾아서 버리면 버려지는 시대다. 마음을 버리는 방법이 있기 때문이다. 가끔 "그게 아니라 내 말은…" 하고 예전의 습관이 튀어나오려고 할 때도 있다. 하지만 이제는 바로 내 모습을 돌아보고 그마저도 버리게 된다.

♦ 이십 대의 우울과 스트레스

2020년 한국 트라우마 스트레스 학회 주관으로 실시한 '국민 정신건강 실태에 대한 조사'에 따르면, 20대 청년들의 우울감이 다른 연령대보다 높게 나타났다. 청년들이 더 우울하게 느낀다는 것이다. '피로, 수면장애, 희망 없음의 감정' 등을 며칠 또는 일주일 이상 느낀다고 했다.

우울증 선별 도구로 조사했을 때, 약 20% 정도의 사람들이 위험한 수준의 우울을 경험하고 있다. 연령별로 보면 20대가 약 25%로 다른 연령대보다 위험한 수준의 우울을 겪고 있다. '차라리 죽는 것이 낫겠다고 생각하거나 어떻게든 자해를 하려고 한다'라고 한 20대의 비율은 16.98%에 이른다. 상황이 이러하니 정부에서도 '대학생 마음건강 지원방안'이 주요 의제로 논의되기 시작했다.

대학생들의 우울감이 높다는 사실은 이미 오래전부터 알려져왔다. 54.9%가 우울을 경험하고 있으며, 모두 중상 정도의 스트레스를 경험하고 있다. 2018년에는 서울대학교 재학생의 46.5%가 우울증을 겪고 있다는 보고도 있었다.

카이스트 사태 이후 나는 이런 결과를 볼 때마다 큰 책임감을 느꼈다. 전인교육학회 학술이사로 활동할 당시에도 후배 교수들은 이미 큰 관심을 갖고 연구하고 있었다. 명상을 통해 그 마음을 버리면 일주일 만에도 대학생들의 마음은 변화될 수 있다.

겨울방학을 이용해 7박 8일간 캠프에 참가한 대학생 79명을 대상으로 명상이 대학생의 우울, 스트레스, 불안 및 자아존중감에 어떤 영향을 미치는지 연구한 바 있다. 대학생들의 우울은 72.8점에서 28.8점으로 크게 감소했다. 우울은 정상적인 기분 변화에서 병적인 상태에 이르는 근심, 침울감, 무기력감, 무가치감을 나타내는 상태다. 이 상태에서 크게 벗어난 것이다. 우울의 하위 요소인 정서적 증상, 인지적 증상, 동기적 증상, 신체적 증상 모두에서 감소가 나타났다.

스트레스도 53.0점에서 43.6점으로 낮아졌다. 스트레스 증상의 하위 영역인 인지적 증상, 불안 증상, 우울 증상, 분노 증상에서 각각 감소를 나타냈다. 위협적인 상황을 인식하는 기질불안도 59.6점에서 46.7점으로 낮아졌다. 기질불안은 특정 위험이나 위협적인 환경과 관련된 스트레스로, 드러날 때까지 남아 상태불안을 조장한다.

자아존중감은 71.7점에서 79.9점으로 의미 있게 증가했다. 자기 자신을 존경하고 바람직하게 여기며 가치 있는 존재라고 생각하는 것이 자아존중감이다. 마음을 버리면 우울과 불안, 스트레스와 같은 부정적인 마음에서 빠르게 벗어난다. 그리고 자아존중감은 이 부정적인 마음을 빼면서부터 변화된다. 자아존중감은 삶의 기억된 생각들을 돌아보고 버린 만큼 높아지는 선물인 것이다.

♦ 명상은 스마트폰 중독도 줄인다

청소년과 젊은 세대의 정신건강에서 유의해야 하는 것이 스마트폰 중독이다. 스마트폰 의존도가 높은 청소년은 상당히 심각한 중독 증상도 보인다. 여성가족부가 발표한 자료에 따르면, 청소년의 인터넷 접속 시간은 하루에 약 3~4시간 이상이며, 수면시간은 5시간 내외로 감소하고 있다고 한다. 일상생활에서 심각한 장애를 보이면서 내성 및 금단현상이 나타난다. 대인관계도 사이버 공간에서 주로 이루어지며, 온라인의 만남을 더 편하게 여긴다. 심리적으로 불안정감과 우울한 기분을 느끼는 경우가 흔하며 충동성, 공격성도 높은 편이다. 현실 세계에서 대인관계에 문제를 겪거나, 외로움을 느끼는 경우도 많다고 한다.

2020년 과학기술정보통신부에서 전국 1만 가구를 대상으로 조사한 바로는 스마트폰 이용자 중 과의존위험군 비율이 23.3%였다. 또 스스로 과의존의 심각성을 느끼는 비율은 무려 83.7%였다. 스마트폰 과의존이 비단 청소년이나 젊은 층만의 문제는 아니라는 결과다.

2015년도 초등학교 3학년을 대상으로 명상이 스마트폰 중독 감소에 미치는 효과를 연구한 결과가 있다. 실험군 22명과 대조군인 제어군 22명을 설정하고, 실험군에게 일주일에 3회, 각 30분씩 8주간 명상을 실시했다. 그 결과 스마트폰 중독 성향은 명상 전 34.8점에서 명상 후 22.0점으로 감소했다. 3개월 후에도 스마트폰 중독 감소 효과는 명상 직후 수준(22.0점에서 3개월 후 23.0점)으로 유지되었다.

초등학생의 경우 명상으로 스마트폰 중독의 저감은 현저히 나타났고, 3개월 후에도 유지가 되었는데 대조군은 동일 기간에 스마트폰 중독이 현저히 늘어났다. 초등학생의 경우 스마트폰 중독은 그에 대한 특별한 조치가 없을 때 중독이 가속되는 성향을 보여주고 있다.

고등학생들에게도 2015년 일주일에 2회, 20분간 총 12주 동안 명상을 진행했다. 실험군 26명은 명상을 하고, 대조군 26명은 원하는 책을 읽게 했다. 스마트폰 중독으로 인한 일상생활 장애, 금단증상 및 내성을 조사한 결과, 명상 전 75.3점에서 명상 후 65.8점으로 통계적으로 매우 의미 있게 개선되었다. 명상 후 한 달 뒤에는 스마트폰 중독이 65.8점에서 58.6점으로 더 개선되는 것으로 나타났다. 반면 대조군은 스마트폰 중독이 초기에는 실험군보다 낮은 67.6점이었다. 12주 후에는 65.8점으로, 한 달 후에는 64.0점으로, 통계적인 의미는 없지만 소폭 감소되었다.

학생들은 명상 후 자기 통제력도 증가했고, 스트레스 대처 중 사회 지지 추구, 문제 대처 능력도 향상되었다. 스트레스도 77.9점에서

56.7점으로 매우 의미 있게 감소했다. 명상 후 한 달이 지나도 스트레스는 56.7점에서 45.4점으로 현저히 감소했다. 정신건강에 긍정적인 변화가 있었을 뿐 아니라 명상 후에도 유지가 되었다는 점은 주목할 만하다. 반면 대조군은 동일 기간 스트레스 변화가 없었다. 한 달 후에도 변화가 없었다.

명상 효과 4

인지오류 감소

♦ 착각은 자유인가?

초등학교 4학년 때였다. 합창단에서 두성 발성법을 배웠다. 고지식했던 나는 오락 시간에 배운 대로 두성으로 노래를 불러 아이들의 놀림감이 되었다. 그때부터 남 앞에 서는 것을 꺼리게 되었다. 국어 시간도 싫어졌다. 책을 읽는데 너무 떨렸다. 발표 불안은 중학교까지 이어졌다.

친구들이 나를 놀릴 것 같고, 머릿속이 하얘지고, 웃음거리가 될 것 같아 두려웠던 그 모든 생각이 인지오류* 였다. 예상치 못한 순간에 찾아왔던 폐소공포증도 마찬가지였다. 숨이 막혀 죽을 것 같았던

---

* 주변 사건이나 상황의 의미를 해석하는 정보처리 과정에서 범하는 체계적인 잘못으로, 개인의 추측을 사실 또는 현실과 혼동하는 것이다.

그 두려움도 인지오류였다. 나는 땅속에 있지도 않았고, 탄광 속에 있지도 않았다. 어이없는 착각임에도 불구하고 평생을 따라다니며 괴롭혔던 생각의 오류였다.

인간은 스스로 만든 생각에 속고 산다. 인지왜곡은 나를 비롯하여 많은 사람을 괴롭힌다는 것도 알게 되었다. 마음수련 명상을 한 지 이틀 만에 공황이라는 인지오류에서 벗어나게 되면서 확신이 들었다. 인지오류를 줄이는 데는 나의 생각 일체가 허상임을 알고 버리는 것보다 더 효과적이고 과학적인 방법은 없다는 사실을 말이다.

♦ 한국인의 90.9% 이상이 인지오류

2016년에는 한국인의 인지오류에 관한 본격적인 연구가 진행되었다. 한국보건사회연구원은 '한국 국민의 건강행태와 정신적 습관의 현황과 정책 대응'이라는 연구 보고서를 발표했다.[14] 한국인 만 명을 대상으로 정신적인 습관을 조사한 것이다. 대한민국 국민의 거의 대부분(97.2%)이 7개 영역 32개 항목의 정신적 습관 중 하나 이상의 습관을 보유하고 있는 것으로 나타났다.

이 보고서는 사람의 생각이 얼마나 오류와 오해에 기반한 것인지 알려준다. 인지오류에 해당하는 정신적 습관 몇 가지를 예로 들어보자.

1. 임의적 추론: 어떤 일을 결정할 때 사람들이 나의 의견을 묻지 않는다면 그것은 나를 무시하는 것이라고 생각한다(이는 어떤 사실을 뒷받침하는 근거가 없거나 그 근거가 사실에 반할 경우에도 임의적으로 그 사실이 맞는다고 결론을 내리는 것이다).

2. 선택적 추상화: 하나를 보면 전체를 알 수 있다고 생각한다(여러 가지 정보 중에서 자신의 생각이나 감정을 정당화하기 위한 정보만을 선택해 전체로 해석하는 것이다).

3. 개인화: 내가 다가가자 사람들이 하고 있던 이야기를 멈춘다면 나에 대해 좋지 않은 이야기를 하고 있었음이 틀림없다고 생각한다(자신과 상관없는 사건이나 사실 등을 자신에게 해당하는 것으로 생각한다).

4. 이분법적 사고: 세상의 모든 일은 옳고 그름으로 나누어진다고 생각한다(이는 세상의 모든 일은 절대적인 기준 아래 옳고 그른 것으로 구분된다거나 흑백논리로 접근하는 사고다).

이 외에도 '내가 무슨 일을 했기에 이런 일을 당할까 하고 생각한다', '나의 미래는 어두울 것 같다', '앞으로 나에게 일어날 모든 일들은 좋은 일보다는 나쁜 일이다', '어떤 일을 시작할 때 어떻게 해야 할지 걱정이 앞선다' 등의 항목이 있다.

보고서에 나타난 정신 습관 중에서는 인지적 오류(90.9%), 반추(82.4%), 걱정(70.8%) 항목이 높게 나타났다. 인지오류가 무려 90.9%

라는 것은 그만큼 복잡한 생각과 마음을 안고 산다는 것을 의미한다. '인지오류'라는 한 단어 속에는 잘못된 생각과 판단으로 인한 오해, 여기서 비롯되는 모든 걱정, 화, 불안, 스트레스를 내포하고 있다. 마음을 빼는 명상은 인지오류를 감소시키는 결과를 보여주었다.

♦ 오해와 추측, 스트레스의 원인인 인지오류

인지오류는 정신적 습관에 해당한다. 마음빼기 명상은 기억된 생각을 돌아보며 근본 원인을 찾아 버리게 해준다. 마음 습관을 돌아보는 것이다. 추측과 오해, 자기만 옳다는 자기주장과 고집, 고정관념, 열등감, 온갖 부정적인 생각이 인지오류를 일으키는 마음 습관이다. 이 마음의 습관은 몸에 밴 기억이다. 명상은 마음과 몸의 습관을 근본적으로 돌아보고 버리게 해준다.

2017년과 2018년에 대학생 캠프와 교원 명상연수에 참여한 참가자를 대상으로 마음빼기 명상 전후 인지오류 변화를 측정한 적이 있다. 2017년 6월 대학생 명상캠프에 참여한 128명을 대상으로 명상 전후의 인지오류 강도를 약식 조사한 결과, 명상 전은 55점으로 우리나라 평균 61점보다 낮았다. 4박 5일간 집중 명상을 하고 나서 조사하니 43점으로 감소되었다. 약 21% 감소를 보인 것이다. 2018년 교원명상 연수에 참가한 58명에 대한 조사에서는 명상 전 교원의 인지오류에 대한 강도는 82점으로 상당히 높았다. 그러나 7박 8일간의 명상 후 62점으로 거의 24% 감소했다.

한국보건사회연구원의 보고서에 따르면 나이별로 50대가 인지오류의 강도가 가장 높고 20대가 가장 낮았다. 교원들의 평균연령이 52.4세였고, 대학생의 평균연령은 22.4세였다. 교원들이 명상 전에 인지오류가 높고 대학생은 상대적으로 인지오류가 낮은 것도 한국보건사회연구원의 보고서와 일치했다.

명상 효과 5

자기 이해와 성찰

♦ 나는 나를 모른다

자기를 가장 잘 아는 사람은 자신이라고 사람들은 당연히 생각한다. 그러나 나를 안다는 것은 매우 어려운 일이다. 살면서 한 번도 자기 자신에 대해 돌아보고 깊이 성찰해보지 않았다면, 내가 안다고 생각하는 나도 '내 생각 속의 사진'일 뿐이다. 그럼에도 불구하고 자신에 대해 무엇을 모르는지조차 모르면서 다 안다고 착각한다.

명상을 하면 나를 분명히 알게 된다. 삶을 돌아보며 구체적으로 장면을 떠올리기 때문이다. 명상을 하면서 알게 된 사실은 사람들과 함께 일을 할 때 나를 더 잘 알게 된다는 것이다. 흔히 '사람을 알려면 같이 일을 해봐야 안다'라고 하는데, 이는 상대에 대해서만이 아니라 나 자신에게도 해당한다. 상대의 모습은 곧 나를 비추는 거울이라는 말은 비유가 아니라 사실이다.

상대로 인해 마음이 일어나게 될 때가 있다. 명상을 하며 돌아보면 깊숙이 내재된 내 마음의 사진으로 인해 감정이 일어난 것임을 알게 된다. 마음의 사진이 없다면 상대가 어떤 말과 행동을 해도 '그물에 걸리지 않는 바람'처럼 평상심이 유지될 것이다. 결국 내 안에 원인이 있어 마음이 일어나는 것이다. 마음을 일으켜준 상대 덕에 내 마음의 문제를 알고 버리게 되었으니 오히려 상대에게 감사하게 된다.

프로젝트를 할 때면 실험실에서 밤늦게까지 학생들과 지내는 경우가 종종 있다. 언젠가 몇 명이 동시에 한 프로젝트에 투입하게 된 때가 있었다. 다들 밤을 지새우면서 열심히 연구했다. 나는 지도교수로서 학생들 한 명 한 명이 하는 일을 점검했다. 한 번은 한 학생이 밤새 진행한 일을 듣고는 참 열심히 했구나 대견해 칭찬을 했다. 다만 빠진 게 있으니 넣으라고 이야기했다. 다음 날 다시 만나 밤새워 진행한 것에 대해 들어보니 열심히는 했는데 그 전날 하라고 했던 것이 누락돼 있었다. 다시 빠진 것을 넣으라고 했다. 그러나 다음 날도 지적한 사항이 빠져 있었다. 그다음 날도 마찬가지였다. 이렇게 3~4일 계속 반복되자 슬슬 화가 올라왔다.

나는 학생에게 왜 그렇게 했는지 물어보고 이유를 알게 됐다. 본인이 하려는 일이 머리에 가득 차서, 듣고 돌아서면 바로 잊어버리고 자기가 생각한 대로 하게 된 거였다. 순간 나도 그러지 않았나 싶었다. 집에서 해야 할 일이나 업무에 대해서 잊어버려놓고 바빠서라고 생각한 적도 있다. 실수하고 후회했던 일을 똑같이 반복한 적도 있다. 매 순간 나를 돌아보게 되어서 다행스러웠다. 명상을 하면서 매일매일 새로운 내가 된다.

♦ 미래의 성공 지능으로 평가되는 자기 이해

내 생각이 옳다는 자기 생각과 고집이 무너지면, 남의 말이 들리고 남의 말에 고개도 숙이게 된다. 남의 말을 넘겨짚고 오해하던 마음이 버려지면, 상대의 말에 귀를 기울이고 들으려고 한다.

명상은 있는 그대로의 자기를 알게 해준다. 자기 이해력은 자신을 정확하게 아는 것이며 진정한 자존감을 형성하기 위해 필요한 능력이다. 남의 말을 듣고 자기를 돌아볼 수 있기까지 나도 많은 자기 성찰의 노력을 해야 했다.

자기 이해는 다중지능 이론에서 말하는 8가지 지능 중 하나로, 미국의 심리학자 하워드 가드너Howard Gardner가 제시했다. 다중지능 이론은 인간의 지능이 서로 독립적인 8가지의 능력으로 구성된다는 이론이다. 전통적인 지능검사에서 주로 측정했던 언어, 공간지각, 논리수학 능력뿐만 아니라, 신체운동, 대인관계, 음악, 자연 탐구, 자기 이해도 중요한 지적 능력이라는 것이다.[15]

이 중 특히 각 분야에서 성공한 사람들의 공통된 지능이 자기 이해 지능이라고 한다. 이는 자기성찰 지능이라고도 불린다. 자신의 상태를 정확히 파악하여 자신을 객관적으로 이해하고 그에 기초해 행동할 수 있는 능력을 말한다. 다중지능 이론은 최근에는 실존 능력까지 지능에 포함하려고 한다. 인간 존재의 이유, 삶과 죽음, 인간의 본성 등 철학적이고 실존적인 사고를 할 수 있는 능력을 말한다.

자기를 버리는 명상이 성찰과 자기 이해를 넘어 도달하게 되는 곳은 내 마음의 세상이 아닌 진짜 세상이다. 철학적이고 실존적인 삶의 해답도 거기에 있다. 그래서 사람은 누구나 자기성찰을 해야 한다.

◆ 명상으로 자기 이해가 높아진 세계의 젊은이들

명상 수업에 참가한 수강생들도 자기 이해가 높아졌을 것이라는 확신은 있었으나, 실제 지표로는 어떻게 나타날지 궁금했다. 코세라 명상 수업을 진행하며 자기성찰 지수 설문조사를 했다. 한국에서 나온 자기성찰 지수 설문지를 영어로 번역해 수강 전과 수강 후 두 번을 조사해 비교해보았다. 이 설문은 자기 탐구, 타인 탐구, 자기 이해, 타인 이해 4개로 구분한 각 5개 문항 총 20개 설문이다.[16]

2015년 조사에서는 자기 이해 지수가 명상 전 72점에서 명상 후 87점으로 높아졌다. 2020년도 3월부터는 코로나19로 수강생이 급증해 더 이상 통계도 수동으로 할 수 없는 수준이 되었다.

2021년이 되어서 다시 2018년 4월부터 2020년 11월까지 수강을 마친 학생 중 명상 전과 동일한 인물로 확인된 500명에 대해 조사해 보았다. 'Survey Monkey'라는 상용 통계 툴을 사용하여 평균을 내 보았다. 수강을 시작할 때에는 자기 이해 지수가 평균 72점이었는 데, 6주 과정을 이수한 후에는 평균 85점이었다.

코세라 명상 수업의 수강생은 미국, 유럽, 인도 등의 영어권 지역에 거주하는 20~30대가 대다수다. 젊은 세대의 자기 이해가 높아지면 미래에 성공할 확률도 높다는 다중지능 이론을 굳이 얘기하지 않더라도, 명상은 자기 이해를 높여 잠재된 능력을 일깨워준다.

♦ 성찰 지수, 자아존중감, 삶의 기대가 모두 높아진 모 대학의 사례

2017년, 광역시 소재 모 대학교 전체 1학년 학생들을 대상으로 교양강좌에서 마음-빼기 명상을 실시했다. 명상 후 조사한 자기 이해 지수는 70점에서 78점으로, 타인 이해는 74점에서 88점으로 증가했다. 학생들은 "화가 났을 때, 걱정하는 마음이 들 때, 기분이 나쁠 때, 힘든 일을 겪을 때 그저 휘둘리기만 했던 태도에서 벗어나 그 사건이나 감정이 나에게 어떤 영향을 주며 어떤 의미인지 이해하기 시작했다"라고 응답했다.

또한 "상대방과 의견 충돌이 생길 때 서로에게 도움이 되는 해결 방식을 생각해보게 되었고, 상대를 이해하게 되고 탓하는 일이 줄었으며, 상대를 배려하고 갈등 상황을 다른 시각으로 바라보게 되었다"라고 응답했다.

이 교양강좌는 전인교육센터 평생교육원이 진행했고, 나는 자문위원으로 함께했으며 강의에 참여하기도 했다. 당시 성찰 지수 조사에 앞서 전 학년의 스트레스와 행복 지수를 조사했다. 4학년으로 갈수록 행복 지수는 떨어지고(1학년: 6.7→4학년: 5.8) 스트레스는 증가했다(1학년: 3.0→4학년: 3.5). 명상 강좌가 개설될 경우 수강할 의향이 있는지에 대한 질문에는 34.4%의 학생이 수강할 의사가 있다고 응답했다.

이 결과를 기초로 전체 1학년 학생들에게 교양과목 수업 중 2시간씩 3주간 총 6시간 동안 명상 수업을 진행했다. 마음빼기 명상을 수강하는 1학년 학생 전체를 대상으로 1차시 수업 전에 설문조사를 했고, 3주 후 설문지를 수거했다. 사전 1,249명과 사후 1,073명을 분석한 결과다. 자아존중감이 74점에서 80점으로 상승했다. 학생들은 "명상 수업 이후 자신을 더 긍정적으로 생각하게 되었다. 나도 다른 사람만큼 잘 해낼 수 있다는 자신감을 갖고 스스로에 대해 만족하며 가치 있는 사람이라고 느끼게 되었다"라고 응답했다.

삶에 대한 기대는 주관적 삶의 기대를 나타내는 척도를 사용했다. 현재 삶의 만족이 미래에도 지속될 것이라고 예상하는지를 측정하는 도구다. 삶에 대한 기대는 명상 수업 전 54.3점에서 수업 후 60.0점으로 증가했다.

에리히 프롬이 말했듯이 우리는 타인이 나에게 기대하는 삶을 살아왔는지도 모른다. 그런 사람은 타인의 기대에 부응할 때만 자신의 존재감을 확신할 수가 있다. 하지만 자기성찰을 통해 자아의 고유함과 자발성을 찾으면 자기 삶에 대한 기대는 저절로 높아진다. 자기만의 삶을 충실하게 살았다는 사실보다 더 큰 만족감은 없을 것이다.

자아존중감과 감사 성향

♦ 감사함, 자아존중감 모두 부정적인 마음빼기에서 시작 된다

감사함은 행복한 사람에게서만 찾을 수 있다. 건강한 자아로 성장해가고 있는 아이들은 감사할 줄 안다. 인성교육에서도 중요한 품성이지만 가르친다고 내면화되는 것은 아니다. 아이들의 변화를 보여주는 연구를 볼 때마다 마음을 돌아보는 명상 교육의 필요성을 절감하게 된다.

2015년의 연구에서도 명상이 아이들의 자아존중감과 감사함을 크게 높이는 것으로 나타났다. 8주간 일주일에 3회, 30분간 총 24회 명상을 실시한 3학년 1개 학급 22명과 명상을 하지 않은 다른 학급의 대조군 24명을 비교했다.

실험군은 자아존중감이 3.48에서 4.45로 크게 증가했다. 100점 만점으로 환산하면 69.6점에서 89.0점으로 향상된 것이다. 감사 성향도 5.25에서 6.92(75.0점에서 98.9점)로 역시 증가했다. 또한 3개월 후에도 명상을 한 실험군은 자아존중감이 약간 낮아졌지만 감사 성향은 유지되고 있었다. 반면 명상을 하지 않은 대조군은 실험 직후 자아존중감이 감소했고, 감사 성향도 감소했다. 대조군은 3개월 후에도 자아존중감은 물론 감사 성향도 더 큰 폭으로 감소했다.[17]

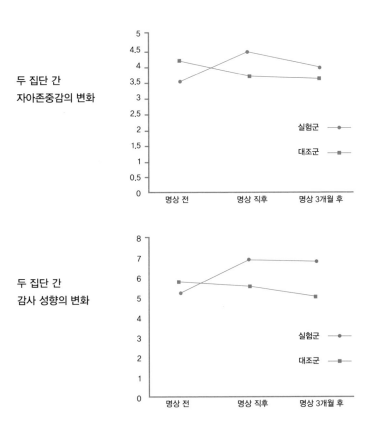

자기 이해 연습 8

자기성찰 척도

각 요인별 점수는 5점에서 25점이며 점수가 높을수록 그 요인의 특성이 잘 나타남을 의미한다. 합산 점수의 범위는 20점에서 100점이며 점수가 높을수록 자기성찰 수준이 높다는 것을 의미한다.

- **자기 탐색(1~5번):** 자신의 생각, 감정, 욕구의 원인이나 인과관계를 분석하는 것과 관련된 내용
- **자기 이해(6~10번):** 자신의 마음이나 행동, 경험에 대한 이해와 새로운 관점을 취하는 것에 대한 내용
- **타인 탐색(11~15번):** 상대방에게 관심을 갖고 그의 생각과 기대를 살펴보는 내용
- **타인 이해(16~20번):** 상대방과의 갈등에 대한 이해를 통해 상대에 대한 배려와 해결방법 모색에 관한 내용

▷ 본인의 자기성찰 정도를 알고 싶다면 다음의 문항들을 잘 읽고 평소 자신에게 해당하는 정도에 한 문항도 빠짐없이 점수를 매겨 최종 점수를 합산해보자.

전혀 그렇지 않다	대체로 그렇지 않다	보통이다	대체로 그렇다	매우 그렇다
1	2	3	4	5

출처: 황주연(2011), 〈자기성찰 척도개발 및 자기관과 자기성찰, 안녕감 간의 경로모형 검증〉
가톨릭대학교 박사학위 논문

	자기성찰 척도	점수
1	나는 화가 나면 무엇 때문에 화가 났는지 생각해본다	
2	나는 주로 어떤 상황에서 짜증이 나는지 알아보려 한다	
3	불안할 때 이전의 어떤 경험들과 관련 있는지 생각해본다	
4	나를 불편하게 하는 경험들은 어떤 의미가 있는지 궁금하다	
5	화가 날 때 내가 왜 그러한 행동들을 하는지(했는지) 생각해본다	
6	화가 났던 마음에 대해 깊이 생각해보면서 나의 새로운 면을 보게 된다	
7	내가 하는 걱정이 나에게 어떤 영향을 미치는지 이해한다	
8	내가 겪는 경험들이 어떤 의미가 있었는지 발견하곤 한다	
9	기분 나쁜 상황에서 내가 했던 행동들에 대해 생각해보며 미처 몰랐던 나의 기대나 두려움을 알게 된다	
10	힘든 일을 겪으면서 나에 대해 새롭게 알게 된 적이 있다	
11	상대방과 생각이 다를 때 그가 내 말과 행동을 어떻게 받아들였을지 생각해본다	
12	상대방이 마음에 들지 않을 때 우리 사이에 어떤 일들이 벌어지고 있는지 곰곰이 생각해본다	
13	상대방과 의견이 다를 때 상대방이 원하는 게 무엇인지 생각해본다	
14	상대방과 갈등이 생길 때 상대방이 갈등의 원인을 무엇이라고 생각하는지 궁금하다	
15	상대방에게 서운할 때 상대방이 보인 태도가 무엇을 뜻하는지 생각해본다	
16	상대방과 의견 충돌이 생길 때 서로에게 도움이 되는 해결방식이 무엇인지 생각해본다	
17	상대방이 보인 행동에 대해 곰곰이 생각하면 그의 마음이 심정적으로 이해가 된다	
18	상대방도 나와 같이 불완전하다는 것을 깨닫게 되면서 상대방을 탓하는 일이 줄어 들었다	
19	상대방과 의견이 달라도 마음 편하게 상대방을 배려한다	
20	상대방과의 갈등에 대해 깊이 이해해봄으로써 그 갈등에 대해 달리 바라본다	

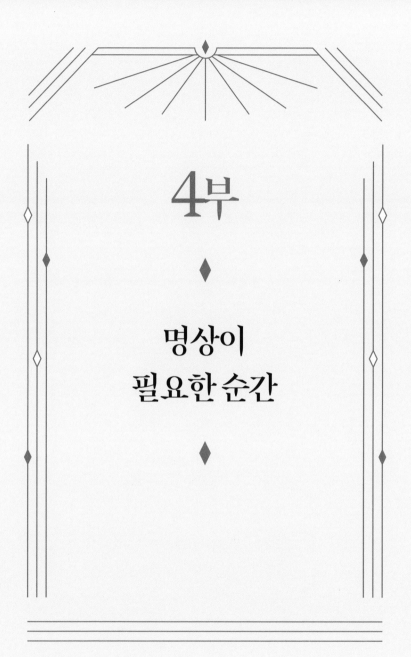

4부

명상이
필요한 순간

일상에서의
명상 프로그램

◆ 지금은 명상하는 시대

이제는 명상이 일상이다. 나는 서울로 출장 갈 때나 다른 지방으로 출장 갈 때도 고속버스에서 명상을 한다. 운동이 부족할 때 아침에 대전의 산책로를 걷거나 서울의 숲속을 걸을 때도 명상을 한다. 물론 명상을 시작했을 때도 일상에서 명상을 시도했으나, 자주 일 속에 파묻혀 잊어버리곤 했다. 지금은 언제 어디서나 명상이 아주 자연스럽게 된다. 짧은 시간이지만 효과는 크다.

명상을 시작한 2001년 당시, 전국에 똑같은 방법으로 진행하는 명상센터가 있다는 걸 알고 매우 반가웠다. 일상으로 돌아가서도 이어갈 수 있기 때문이다.

우리 동네 명상센터에 가보니 대학생, 직장인, 가정주부, 어르신 등 다양한 분들이 명상을 하러 왔다. 의외로 많은 사람이 자기를 돌아보고 조용히 성찰할 수 있는 곳을 원하고 있었다.

내 경우도 예전에는 일과 후 회식이 일상이었다면 점점 명상이 일상이 되어갔다. 부정적인 생각과 잡념을 버리니, 바쁘게 움직여도 하루가 편안하고 내가 하는 일에 열중할 수 있었다. 학교 일을 끝내면 잠깐이라도 명상을 하고 가려고 노력했다. 오늘 하루 학생들을 대했던 마음도 돌아보고 동료 교수, 연구소, 회사 일 등을 돌아보며 하루를 마감했다.

그동안 명상하는 사람들도 점점 늘어났다. 그만큼 명상센터도 많아졌다. 국내만 해도 현재 전국 각지에 170여 개의 센터가 있다. 사람들이 학원에 가듯이 혹은 카페에 가듯이 명상하러 다니는 걸 보면, 시대가 변하고 생활이 달라지고 있다는 걸 실감하게 된다. 명상은 깊은 산속으로 들어가, 일상을 완전히 떠나야만 할 수 있는 거라고 알던 시절도 있지 않았던가. 밥을 먹고 운동을 하듯이, 명상도 그렇게 당연한 일상이 되어야 한다는 생각이 들었다. 밥을 먹고 그 에너지로 몸을 움직이는 것처럼, 마음을 비우는 명상을 통해 진짜 자신의 삶을 활기차게 살아야 하는 것이다.

해외에도 마음빼기 방법으로 똑같이 명상할 수 있는 곳이 꽤 생기고 있다. 2021년 현재만 봐도 56개국 120여 지역에서 명상 교육을 진행 중이다. 그러다 보니, 해외에 출장을 가게 되면 한번씩 그 지역에 있는 명상센터에 가보기도 한다. 미국, 영국, 독일, 스웨덴, 러시아…. 어디를 가도 대화를 나누다 보면 명상을 하며 느끼게 되는 감동과 변화는 언어나 문화와는 상관없다는 것을 절감하게 된다. 마음의 원리와 버리는 방법이 체계적이기 때문이다.

한국에서 왔다는 이유로 부러워하는 현지인들도 많다. 이 명상이 한국에서 시작되었고 학교와 기업에서도 명상 교육을 하는 등 앞서가고 있기 때문이다. K-명상의 시대가 온 것 같다.

명상을 하는 데에는 꾸준함과 인내가 필요하다. 정확한 방법을 놓치지 않기 위해 전문가의 안내도 받아야 한다. 같이 명상을 하는 사람들의 경험과 응원도 큰 힘이 된다.

요즘은 코로나19로 온라인상에서 만나 함께 명상을 한다. 문득 세상이 참 많이 바뀌었다고 실감할 때가 있다. '온라인'과 '명상'이라니, 예전 같으면 상상도 못할 조합이 아닌가. 그만큼 이제는 언제 어디서나 누구나 명상을 할 수 있는 시대다. 실제로 나이에 맞게 또는 직업에 맞게, 명상을 접할 수 있는 기회도 다양해지고 있다.

◆ 학교에서의 명상

명상은 모든 연령대가 할 수 있고, 어린 나이에 할수록 좋다. 다행히 요즘은 초중고 학교에서도 명상을 접할 수 있다. 이전에도 명상에 관심 있는 교사들이 동아리나 방과후학교 활동으로 시도하기는 했으나, 명상교실이 더욱 활발해진 것은 2015년 인성교육진흥법이 제정된 후부터다. 조기교육과 입시 경쟁의 치열함으로 인해 청소년의 스트레스 문제가 심각해지자 대한민국이 세계 최초로 인성교육을 의무화하는 법을 제정한 것이다.

보통 인성교육이라고 하면 '이것은 옳고 저것은 나쁜 거다. 이래야 하고, 이렇게 살아야 한다'라는 식으로 올바른 가치를 주입하는 거라고 알기 쉽다. 그러나 전문가들은 명상이 진정한 인성교육의 대안이라는 점에 공감한다. 명상은 아이들 스스로 자신이 무엇을 좋아하는지, 무엇이 옳고 그른지를 판단하게 하고 그렇게 살아갈 수 있는 내면의 힘을 길러주기 때문이다.

2021년 하반기부터는 온라인 특강으로 진행하는 사례도 늘어나고 있다. 명상 수업에 참가한 아이들은 "친구한테 미안해요", "마음이 개운하고 상쾌해요", "엄마한테 감사해요"라며 긍정적인 마음을 표현한다. 명상을 통해 스스로 알게 되고 변화되는 것이다.

◆ 청소년 온라인 명상캠프

학교에서뿐 아니라 초중고생들을 대상으로 한 청소년 명상캠프에 개별적으로 참가할 수도 있다. 1999년부터 시작된 청소년 명상캠프는 지금까지 한 해도 빠짐없이 이어져온 우수 인성 캠프다. 코로나19 이전에는 해마다 여름방학과 겨울방학이면 청소년 수련 시설에 모여서 진행했으나, 요즘은 청소년 명상캠프 또한 온라인으로 하고 있다.

전인교육센터 청소년 명상팀에서는 특히 2022년부터는 '청소년 명상 이벤트 in 메타버스'라고 하여 체험 활동은 메타버스Metaverse에서 하고, 명상은 줌Zoom을 통해 진행하고 있다. 온라인 캠프는 청소년에게 보다 더 익숙한 환경이라 명상 집중도도 높고 효과적이라고 한다.

◆ 선생님을 위한 명상

선생님을 위한 명상 연수 프로그램도 있다. 좋은 교사가 되기 위해서는 자신부터 돌아보고 마음을 다스릴 수 있어야 한다는 생각과 실제로 아이들에게 도움이 되는 인성교육 방법을 찾기 위해 선생님들이 참가하는 경우가 많다.

교원 연수는 교육학자, 명상전문가, 정신건강의학전문의, 심리전문가, 교사 들이 함께 연구와 검증을 거쳐 개발한 교직원 명상 연수 프로그램으로 진행된다. 20여 년간 계속 진행해온 교직원 연수 역시 요즘은 온라인을 통해 전국 어디에서나 접속할 수 있다. 교직원 연수로 명상을 시작한 선생님들은 일정한 명상 과정과 학교명상 교육 연수를 이수하면, 학교 현장에서 다양한 명상 프로그램으로 학생들의 인성교육을 지도할 수 있는 자격과 능력을 갖추게 된다.

♦ 새로운 미래를 향한 대학인들의 명상

대학에 갓 입학한 학생들을 새내기라 부른다. 영어로는 프레시맨Freshman이다. 새학기가 시작되고, 신입생들이 캠퍼스 구석구석을 활보하는 걸 보면 '프레시하다'라는 말이 절로 나온다. 학생들 입장에서도 마찬가지일 것이다. 중고등학교 시절을 입시 위주로 짜인 시간표 속에서 지내다가 처음 맞는 대학 문화는 신선할 수 있다. 하지만 환경만 바뀌었을 뿐 마음이 그대로이면 새로운 것을 맞이하고 배우는 데 어려움이 많다. 그도 그럴 것이 흔히들 대학생이 되면 '멘붕'의 3단계라는 걸 겪는다고 한다. 1단계, 어떻게 하지? 2단계, 내가 원하는 게 뭐지? 3단계, 나는 누구지?이다.

대학생이 되면 중고등학교 시절과는 달리, 스스로 결정하고 선택해야 할 일이 많다. 그 과정에서 무엇을 어떻게 하는 게 내가 정말 바라는 건지를 고민하게 되면서, 뜻밖에 자기도 자신을 잘 모른다는 충격적인 사실에 맞닥뜨리게 된다. 대학생이 되면 뭔가 다를 줄 알았는데, 경쟁도 방황도 계속되는 것이다. 따라서 스스로 확신을 가지고 자신의 인생을 만들어가려면 내면의 힘을 키워야 한다.

대학생들을 위한 명상을 커리큘럼에 반영한 대학들도 늘고 있다. 명상 과목을 만들기 어려운 경우에는 명상전문가를 초빙해서 특강을 개설하기도 한다. 전인교육센터는 최근 5년간 총 40개 대학에서 학부생 및 대학원생을 대상으로 취업 및 진로, 인성교육, 대인관계,

스트레스 관리, 자존감, 정신건강 관리, 리더십, 자기계발 등 주제별로 맞춤형 명상 프로그램을 진행했다.

♦ 대학생 명상캠프_방구석 명상클래스

학생 개인이 대학생 명상캠프에 참가할 수도 있다. 대학인들을 위한 명상캠프는 대학 시절의 자기성찰을 중요시한 명상전문가들이 2004년 6월부터 매해 방학 때마다 진행해온 캠프다. 코로나19로 중단된 2020년 전까지 16년간 5,000여 명이 참가한 국내 최대의 유일한 대학인 캠프로 알려져 있다. 현재는 '방구석 명상클래스'라는 온라인 프로그램으로 바뀌었으나 온라인 공간의 명상도 내면을 돌아보는 데에는 차이가 없다. 한 학생은 "오히려 온라인이기에 명상에 쉽게 다가갈 수 있었으며 대인관계에서도 실제로 도움을 받았다"라고 했다.

♦ 교수들의 명상

대학에서 명상 강좌를 했을 때, 가장 많이 들은 말은 명상 시간이 너무 짧아 아쉽다는 거였다. 일주일에 한두 번 15~30분씩 하는 게 전부일 수밖에 없는 여건이었다. 중요한 것은 그런 시간이나마 꼭 필요하다는 점이었다.

정신적·심리적으로 압박을 받는 건 대학교수도 마찬가지다. 교수들은 전공을 잘 가르치는 것 외에 앞서가는 연구에 대한 압박감, 학생 정원 미달 등으로 인한 스트레스가 많다. 또한 대학 내에서 학생, 교수, 직원과의 마찰도 꽤 있는 편이다. 기숙사 생활을 하는 학교라면 또 다른 고충들도 많을 것이다.

이미 명상을 하고 있는 교수들은 현재 온라인 명상 시간을 정기적으로 가지면서 함께 명상도 하고 현장 교육에 대한 의견도 나눈다. 실제로 교수들은 각자의 전공에 따라 '스트레스 저감 프로그램', '의료인 커뮤니케이션', '외상후장애 및 이완법' 등의 연구에 명상 프로그램을 활용하고 있다. 또 교양과 리더십 과목으로도 명상을 통해 대학에서의 생활, 사회로의 진출, 대학원 진학 준비 등에 필요한 마음가짐을 갖출 수 있도록 지도하고 있다.

2019년 12월에는 '대학교수를 위한 명상캠프'를 개최했다. 대학교육을 이끌어가는 교수들에게 힐링과 성찰, 스트레스 해소와 역량 강화를 위한 정기 명상 프로그램이 필요함을 인식한 자리였다. 2021년 교수 명상캠프 2기부터는 온라인으로 진행하고 있다.

♦ 직장 명상

직장인들이 가장 바라고 갖추고 싶은 덕목은 업무 능력과 전문성 향상, 편안한 인간관계 그리고 가치 있는 일을 한다는 보람이라고 한다. 반대로 이 덕목들은 직장인들의 스트레스 항목이라 불려도 무방하다. 내가 바라든 바라지 않든 요구되는 것들을 해낼 수 없을 때 우리는 스트레스를 받는다. 또한 의견 대립으로 인한 갈등이나 일에 대한 매너리즘 등 여러 가지 마음의 문제들도 감당해야 한다.

사실 20~30대에 사회생활을 시작하는 우리는 인생의 대부분을 직장에서 보낸다 해도 과언이 아니다. 또한 가족보다 더 많은 시간을 직장동료와 보낼 수밖에 없다. 그런데 그 일터에서 행복감을 느낄 수 없다면 심각한 문제다.

각 기업에서도 HRD(Human Resource Development, 인적자원개발) 차원에서 임직원들을 위한 여러 가지 교육을 하고 있다. 그중에도 명상을 직원 교육 프로그램으로 채택하고 있는 기업들이 전 세계적으로 늘어나고 있다. 2000년에 들어서면서부터 구글, 애플, SAP 등의 IT 영역뿐 아니라 골드만삭스, P&G, 나이키 등 다양한 기업에서 명상실을 운영하고 있으며, 대한민국도 스트레스 관리와 역량 강화 및 힐링 프로그램의 하나로 많은 기업과 관공서에서 명상을 도입하고 있다.

전인교육센터에 의하면 지금까지 삼성전자서비스, 포스코, 현대자동차, LG화학, 유한킴벌리, DB손해보험, 현대백화점그룹 등 대기업부터 한국수력원자력, 주택도시보증공사, 근로복지공단, 서울소방재난본부, 교육청, 법무부, 식약처, 고용노동부, 국민권익위원회 등의 공기업 및 관공서까지 총 350여 곳에서 마음빼기 명상 교육에 참가했다고 한다.

한 예로 CJ올리브네트웍스의 명상 교육 결과를 보면, 2박 3일간 16시간의 명상만으로도 스트레스는 감소(3.4→2.4)하고, 직업에 대한 자신감(4.0→4.3), 직무에 대한 비전(3.6→3.8), 동료에 대한 신뢰감(3.6→4.1)이 높아진 결과를 보였다.[18]

공기업인 한국국토정보공사는 노사협력처에서 주관해 2박 3일간 노동자와 사측이 함께 명상 프로그램에 참가했다. 취지는 근로자들의 감정노동 스트레스 해소를 위한 것이었으나, 서로의 이해가 상충되기 마련인 노사 간이 자기를 돌아보고 상대의 입장이 되어보는 뜻깊은 시간이었다. 당시 나도 강사로 초빙되어, 미래에 소통과 융합의 사회가 되기 위해서는 반드시 명상이 필요하다는 주제로 강연을 했다.

참가자 소감 중 "나에 대한 믿음과 자신감이 커졌고, 무엇보다 나보다 상대를 먼저 생각할 수 있게 변화되었다"라는 말이 기억에 남는다. 짧은 한 줄이었지만 현장에 함께해서인지 더욱 와닿았다.

♦ 소방관을 위한 명상

소방학교나 소방본부에서의 명상 교육은 더욱 뜻깊다. 재난 현장에 제일 먼저 달려가는 소방관들은 남의 생명을 구하기 위해 뛰어들지만, 그만큼 정신적으로 육체적으로 힘든 직업이다. 사고당한 사람들을 구하고 수습하면서 끔찍한 현장을 직접 본 소방관들은 심각한 트라우마에 시달린다. 따라서 서울소방재난본부, 전남소방본부, 충북소방본부, 경기소방학교 등에서 명상을 통한 스트레스 관리와 힐링 프로그램을 진행하고 있다는 것은 매우 큰 의미가 있다.

사실 외상후스트레스장애 극복을 위해 많은 의료진과 심리 전문가들이 연구를 해왔지만 쉽지 않았다. 최근에 이르러 가장 효과적인 방법으로 선택하고 있는 것이 바로 명상이다.

2019년 명상캠프에 참가했던 한 현직 소방관의 소감을 소개한다.

▷ ▷ 저는 제가 외상후스트레스장애가 없는 줄 알았습니다. 현장 활동을 하면 사망사고나 교통사고로 다친 분들을 많이 보게 되지만, 그냥 넘어갔습니다. 그런데 명상을 통한 돌아보기를 하면서 사고의 인상들이 제 마음속에 남아 있다는 걸 알게 되었습니다. 소방관으로서 제일 힘든 건 동료들의 사고나 사망입니다. 그런데 마음빼기 명상으로 없애고 버리다 보니까 정말 편안해졌습니다. 소방관들이 명상을 통해 자신을 돌아보면서 무겁고 지친 마음은 버리고, 긍정적인 생각을 가지게 된다면 다치는 위험 수도 훨씬 줄어들 것 같습니다.

현재 전국의 소방공무원 수는 6만여 명(2021 소방청 통계연보)이고, 상당수가 외상후스트레스장애로 고통받는다고 한다. 소방관뿐 아니라 경찰관, 철도기관사, 의사들도 다른 직종에 비해 외상후스트레스에 많이 시달린다. 그래서 이런 직종에 계시는 분들께 더욱 명상을 권하게 된다. 무엇보다 자기보다는 남을 위해 희생하고 봉사하는 직업을 가진 그들이 편안했으면 좋겠다. 그 어떤 마음의 짐이나 고통도 받지 않기를 바란다.

◆ 의료인을 위한 명상

건강하게 행복하게 사는 것, 이것은 우리 모두의 바람이다. 첫째로는 병에 걸리지 않는 것이고, 둘째로는 병이 찾아온다 해도 당당히 맞서 이겨낼 수 있기를 바란다. 너나없이 겪어야 할 그 길에 반드시 함께 가야 하는 이들이 바로 의료인이다. 환자의 몸뿐 아니라 마음도 함께 헤아려줄 수 있는 의료인들이 많아진다면 그만큼 세상은 안전하고 편안해질 것이다. 그러기 위해서는 의료진부터 여유롭고 행복해야 하지 않을까.

코로나19를 겪으며 의료인들의 역할에 새삼 감사함을 느낀 사람들이 많을 것이다. 하지만 심각한 부상자를 치료하는 의사들은 외상후스트레스장애에 노출될 위험도 크다. 의사들이 느끼는 스트레스는 상상 이상이라고 한다.

명상을 한 의사들이 '의료인들을 위한 명상캠프'를 열었다. 2019년 3월 '행복한 의사가 세상을 밝게 합니다'라는 슬로건으로 연 첫 캠프에는 20여 명의 각 분야 의사들이 참가했다. 비슷한 고민을 하고 있는 의료인들은 함께 명상을 하며 해결 방안을 찾아갔다. 의료인들의 행복을 위해서도 상시적인 명상 프로그램이 꼭 필요하다.

◆ 환자들을 위한 명상

"병이 없기를 바라지 말고, 병과 동거를 한다고 생각하라"는 말을 들은 적이 있다. 그렇게 생각하고 나니 오히려 관리를 잘해서 더 건강해졌다는 사람들도 있다. 누구나 크든 작든 병을 안고 산다고 보면 틀린 말은 아니다.

그러나 병명을 알게 된 순간부터 입원, 수술 등 치료를 하는 과정에서 받는 심리적인 충격이나 상처는 치유하지 못하는 경우가 많다. 물리적인 병은 치료가 될지언정 그로 인해 생긴 우울이나 불안, 불면 등이 또 다른 고통이 된다는 것이다. 그래서 병원에서는 암 및 중증 환자들의 심리 회복 프로그램에 관심이 커지고 있다.

전인교육학회는 분과위원 내 보건의료위원회를 별도로 두고, 명상의 의료보건적 효과를 연구해왔다. 가정의학, 신경정신의학, 생화학, 마취통증의학, 한의학, 성형외과, 간호학과, 치과 등의 교수와 전문의 들로 구성되어 있다. 모두 명상을 하는 분들이다.

학회의 위원들은 각 지역 보건소를 통해 암환자, 임산부, 치매 환자 및 가족들을 위한 명상 프로그램을 개최하거나, 대학병원 명상 교육에 강사로 참여하는 등 다양한 활동을 하고 있다. 그도 그럴 것이 명상이 환자와 가족들의 심신 안정에 도움이 된다는 것에 공감한 전국 암센터와 대학병원 및 의료 관계자들이 마음빼기 명상 교육을 계속 요청하고 있기 때문이다.

전북지역 암센터에서 열린 '암환자와 가족을 위한 심신치유 프로그램_마음빼기 명상' 교육에 참가한 한 교수는 "환자와 가족들 모두 삶과 죽음의 경계에서 힘들었던 만큼 누구보다 진지하게 자신의 삶을 성찰하고 있다는 걸 느끼게 된다"라고 했다.

실제로 참가자들은 "눈을 감고 내가 살아온 걸 돌아봤다. 그저 돌아보기만 했는데도 마음이 편해졌다", "아픈 것을 극복하고 싶다는 마음이 생겼다", "가족들이 내 마음대로 따라 주기만을 바랐던 것 같다. 가족의 마음을 편안하게 해주고 싶다"라는 후기를 소감문에서 들려줬다. 명상을 통해 각자의 마음이 긍정적으로 변화한 것이다.

누구나 참여할 수 있는 명상 프로그램

* 이 정보는 2022년 1월 기준이다.

어떻게 명상을 시작할 수 있는지, 그 정보를 공유해본다.

• 지금은 명상하는 시대, 일반인들을 위한 명상

일상생활을 하며 누구나 명상센터에 가서 명상을 시작할 수 있다. 마음수련 명상센터 홈페이지 https://trueselfclass.com와 전화 문의(1588-7245)를 통해 원하는 명상센터를 선택할 수 있다. 온라인으로도 명상이 가능하고, 직접 방문을 원할 경우에는 예약을 해야 한다. 주중 다양한 시간대를 운영한다.

• 청소년 온라인 명상캠프

전인교육센터에서 주관하고 있다. 현재는 온라인 캠프로만 진행 중이다. 홈페이지 http://www.meditationyouth.org와 전화 문의(041-736-1261)를 통해 그때그때 열리는 청소년들을 위한 명상 이벤트 소식을 접할 수 있다.

• 선생님을 위한 명상연수

전국 유·초·중·고·특수학교 교직원(전현직)들을 위한 온라인 명상 자율연수 프로그램을 지속적으로 운영하고 있다. 교원 명상연수 홈페이지 http://www.meditationedu.org 혹은 전화 문의(041-736-1250)로 일정 등의 정보를 얻을 수 있다.

• 대학인을 위한 온라인 명상캠프

대학인들을 위한 '방구석 명상캠프'는 현재 대학생이 아니더라도, 20~26세의 청년이면 누구나 참가할 수 있다. 일정 및 참가 방법에 대한 정보는 홈페이지 https://classmeditation.modoo.at을 통해 알 수 있다. 오프라인에서 참여하고 싶다면, 다음 홈페이지를 방문하라. http://meditationuniv.org

• 기업 명상 교육 및 소방관들을 위한 명상

전인교육센터 주관으로 명상과 HRD가 결합한 프로그램이며, 개인과 조직의 변화와 성장을 돕는다. 관련 정보는 전인교육센터 홈페이지 http://www.meditationhrd.com와 전화 문의(041-736-1256)로 가능하다.

• 교수들을 위한 명상 및 의료인과 환자들을 위한 명상

전인교육학회에서 주최하는 프로그램이다. 비정기적으로 진행되므로 홈페이지에서 안내와 공지를 참고해야 한다. 전인교육학회 http://humancompletion.org

재난을 예방하고 극복하는 명상

◇

◆

◆ 마음을 이해하면 재난도 막을 수 있다

나는 명상을 하고 삶이 많이 달라졌다. 일상생활에서뿐만 아니라 그동안 연구해온 분야에 대해서도 마음가짐이 달라졌다. 주변이 보이기 시작했고, 작게라도 내가 할 수 있는 일들이 보였다. 세상에 도움이 되고 싶었다.

자연스럽게 내 전문 분야인 헬리콥터와 드론에서 재난과 안전에 관심을 갖게 되었다. 기술의 발전도 중요하지만, 언제나 그와 똑같이 발맞춰나가야 하는 것은 안전이었다. 재난 후 트라우마를 겪는 사람들이 너무나 안타까웠다. 마음의 실체를 정확히 이해하고 버리면 설혹 재난을 당했다 하더라도 고통에서 벗어나 건강하게 살 수 있기 때문이다. 매일같이 일어나는 재난의 고질적인 원인은 인적 요소다. 이 문제의 개선이 명상을 통해 가능하리라는 생각도 들었다.

◆ 재난의 인적 요소와 시스템 문제

2014년 4월, 눈앞에서 가라앉던 세월호를 기억한다. 많은 분들이 슬픔과 고통을 같이 했다. 이런 재난이 두 번 다시 반복되지 않기를 누구라도 염원했다. 카이스트에서 한 교수님이 '카이스트가 재난에 관하여 할 수 있는 것이 무엇일까?'라는 메일을 교수님 전체에게 돌렸다. 관심 있는 분들이 답장을 했다. 그리고 전공이 각기 다른 60여 명의 교수가 모였다. 나도 항공기 사고에 관심이 있던 터라 함께했다.

2014년 10월, '카이스트 재난학연구소'가 결성되었다. 과학기술 융합과 교육을 통해 사회적 재난과 슬픔에 동참하여 공동의 해결방안을 찾으려는 노력이 반갑고 고마웠다.

같은 해 12월에 카이스트에서 재난학 포럼을 개최했다. 발제자인 윤완철 교수는 "재난 사고의 원인은 70~90%가 '휴먼 에러'이며 인적오류는 사고의 원인을 규명하기 위한 진단의 시작점으로 봐야 한다"라고 강조했다.[19] 그리고 반복되는 인재를 향한 비난보다 더 중요한 것이 있다고 했다. 개인을 범인이 아니라 희생자로 봐야 한다는 점이었다. 재난은 시스템의 문제라는 것이다. 윤 교수는 구조적으로 실수 확률을 높이는 요소들을 찾아야 한다는 점을 강조했다.

✦ 회전익기의 주된 사고 원인도 인지오류다

2012년 인지오류와 같은 인적 요소와 헬기 사고에 관한 명확한 데이터를 확인하게 되었다. 제1회 아시아 호주 회전익 포럼 대회장이었던 나는 주한 미항공2여단장에게 미육군 헬리콥터 사고 데이터를 공개해줄 수 있는지 요청했다. 그는 2002년부터 2012년 동안의 십 년간의 데이터를 직접 발표했다.[20] 아파치 등 공격 헬기의 손실은 적敵 대치 상황에서보다 비대치 상황일 때 5배 정도 더 많은 것으로 나타났다. 사고 원인의 인적 요소 중 제일 큰 것이 미육군 베테랑 조종사들의 '과신'이었다.

2013년, 나는 카이스트에서 안전 세미나를 열어 주한미군항공처장을 초대했다.[21] 발표 내용은 충격적이었다. 지난 1972년부터 2010년까지의 미군 헬리콥터의 치명적인 A급 사고의 55%는 승무원 간의 '의사소통' 문제라는 것이다.

✦ 명상으로 인적 요소로 인한 사고를 줄일 수 있다

미국 나사의 항공 분야에 대한 최우선 과제는 항공기 사고 방지이다. 특히 인구가 밀집된 공항 근처에서 이착륙 시 항공기 간의 충돌은 큰 재난이 되며 여파도 매우 크다. 항공기 사고는 기상에 의한 사고, 기계적인 사고 그리고 인간에 의한 사고로 분류된다.

항공기 사고를 줄이기 위한 노력은 전 세계적으로 많이 진행되고 있다. 항공기 사고 역시 기체 결함보다 조종사 등에 의한 인적 요소가 전체 사고의 70~80%로 많았다.

이것은 미국도 유럽도 한국도 마찬가지다. 인적 요소로 발생하는 사고를 줄이기 위해 여러 첨단 장비를 동원해서 정신을 집중하도록 장치를 마련하기도 한다. 그러나 인적 요소로 인한 문제는 줄지 않고 있다. 사고 데이터는 많이 분석돼 있지만, 인적 요소 저감에 대한 근본적인 대책은 찾아보기가 힘들었다.

왜냐하면 인간의 심리와 행동에 대한 측정과 예측이 어렵기 때문이다. 관련 조종사, 정비사, 관제사들의 소통 부재도 큰 원인 중의 하나다. 더 나아가서 조직문화에 의한 인적 요소도 중요한 역할을 하고 있다.[22]

명상은 사고의 인적 요소를 낮추고 정서를 안정시키는 방안이 되리라고 본다. 공군 조종사와 육군 조종사, 특히 헬리콥터 조종사는 비행시간 내내 집중을 해야 하는데, 조종사의 많은 생각이 집중도를 떨어뜨리게 한다.

헬리콥터처럼 날개가 회전하는 회전익은 일반 여객기나 전투기처럼 날개가 고정된 고정익보다 비행시간당 사고율이 많다. 명상으로 잡념이 없어지면 집중도가 향상되어서 항공기 사고 방지에 크게 기여할 것으로 예상한다.

사람은 치명적인 사고 경험이 평생 처음일 가능성이 크다. 사람도 기체처럼 미리미리 살피고 준비하고 점검하고 예방해야 한다. 그래야 삶에서도 인적 요소가 줄어들 수가 있다. 내 안의 나는 나만이 볼 수가 있다. 내가 나를 돌아봐야 볼 수가 있고, 없앨 수도 있고, 예방할 수가 있다.

소통과 융합을 위한 명상

♦ 마음 버리기 명상을 통해 융합할 수 있다

레오나르도 다빈치가 화가이자 조각가, 발명가, 건축가, 해부학자, 지리학자, 음악가였던 것은 익히 알려진 사실이다. 고대 그리스부터 근대까지 뛰어난 철학자들은 동시에 뛰어난 수학자이기도 했다. 19세기에 모든 학문과 과학이 세분화된 이래, 현대과학은 다시금 '융합'이라는 사고체계를 요구하게 되었다. 컴퓨터가 융합 분야인만큼 컴퓨터를 기반으로 한 기업은 당연히 융합을 강조했다. 구글의 2011년 신입사원 6,000명 중 5,000명이 인문학 전공자였다. 한국 사회도 어디든 융합을 강조하고 있다.

소통과 융합이 쉬운 일은 아니다. 그러나 지금 시대는 소통과 융합이 필요하다. 남의 말을 들을 줄 알고, 함께할 줄 알고, 나눌 줄 아는 인간으로 '리셋'되지 않으면 지금이야말로 디스토피아가 될 수 있기 때문이다. 나는 마음을 버리는 명상을 통해 사람이 달라질 수 있다고 믿는다. 가상 세계가 아니라 어느 세계에서 살게 되더라도 현실감각을 잃지 않고 정신 차리고 살 수 있도록 만들 수 있다고 믿는다. 남의 말을 듣기 싫어하고, 남의 생각에 무관심하고, 남의 생각과 섞이기 싫어하는 내가 변했듯이 누구라도 마음을 버리면 변할 수 있다는 말을 하고 싶다.

◆ 회전익 분야도 융합은 필수

나는 그동안 공학자로 30여 년을 살아왔다. 회전익 비행기를 꾸준히 가르치고 연구해왔지만 앞으로 할 일과 과제가 많이 남아 있는 것도 사실이다.

4차 산업혁명의 키워드로 누구나가 자율주행 자동차를 꼽고 있다. 그리고 자율비행 드론과 드론 택시가 이야기되고 있다. 자율주행 자동차보다 드론 시대가 더 빨리 온다는 예측도 있다. 나는 대학교 시절, 집에서부터 학교까지 하루에 왕복 4시간 이상을 버스를 타고 다녔다. 버스 안에서 개인 헬리콥터로 다닐 수 없을까 공상을 하곤 했다. 그런 생각이 지금은 현실이 되어가고 있다.

무인 헬리콥터나 드론은 자동으로 날아가지만 지상과 끊임없이 통신도 하고 관제도 하면서 통제를 받아야 안심하고 날아갈 수가 있다. 이 분야 역시 정말로 필요한 것이 융합과 소통이다. 일상생활에서 소통이 어려운 것처럼 전문 영역의 소통도 어렵다. 30년 동안 쌓아온 지식에 또 다른 30년의 기술이 들어와야 하는데 이것이 쉬운 일이 아니다. 자기 분야의 경쟁도 치열한데 융합한다고 시간을 소비하면 금세 추월당할 것 같은 위기감이 느껴진다. 그래서 내 분야만 고수하는 게 아닐까 하는 생각이 들었다.

이런 비유를 들어보자. 쇠하고 쇠를 용접한다고 하자. 물론 강력한 용접기가 필요하다. 그리고 용접하기 전에 쇠 겉면도 잘 닦아야 용접한 구조물이 튼튼해진다. 마찬가지로 융합을 하려면 내 분야도 융합이 잘 되게 무언가를 해야 한다. 시간을 내어서 다른 분야 이야기도 듣고, 자기 기술을 남에게 아주 쉽게 설명할 수도 있어야 한다. 남들도 내 분야를 알아야 진정한 융합이 되기 때문이다. 내가 너무 많이 안다고 자만하면 다른 사람 이야기도 들리지 않고 남이 잘 이해하도록 설명할 수도 없다. 소통을 통해 완성품을 만들어야 그 완성품이 부실하지 않게 된다.

◆ 미래를 준비하는 사람들에게 꼭 필요한 소통과 융합

내가 많이 안다는 것부터 돌아보면서 버리고, 낮은 마음으로 남의 이야기를 들어야 들리게 된다.

언젠가 특허를 내느라 특허 전문가인 제자를 만난 적이 있다. 내 기술을 설명하는데 카메라로 녹화를 하고 있었다. 나는 꼭 녹화해야 하느냐고 물었다. 그랬더니 "지금 설명을 하고 들으면 다 아는 것 같아도 나중에 보면 이해도 안 되고 서로가 다른 말을 한다"라고 했다. 맞는 이야기다. 사람들은 알아듣는 것 같지만 서로가 그렇지 못하는 것 같다. 쉬운 이야기도 잘 듣기가 어렵고, 서로 모르는 분야는 더욱더 그렇다.

기계를 잘 작동시키려면, 사람들과의 소통과 융합이 필요하다는 점을 절실하게 느끼게 되었다. 명상을 통해 자기를 돌아보고 쓸데없는 걱정과 부정적인 생각, 편견을 버릴 때 남의 이야기도 잘 들리고 자기 일도 잘 설명할 수 있다. 소통은 한 번에는 안 된다. 여러 번 해야 하고 서로가 인내도 필요하다. 소통과 융합은 미래에 주역이 되는 젊은 청년의 소중한 덕목이 되고 있다. 이렇게 미래를 준비하는 사람들은 세상에서 성공도 하게 될 것이다.

코로나19 팬데믹과
4차 산업혁명 시대의 명상

◆ 코로나19가 새롭게 알려준 사실

코로나19 팬데믹이 선언되었던 초기만 하더라도 언젠가는 끝나겠지 하는 기대가 있었다. 팬데믹을 겪은 지 2년이다. 위드 코로나를 선언하고 코로나19와 함께 살아가는 시대를 준비하던 한 달 만에 오미크론이 전파되고 새로운 국면이 전개되었다. 인류는 거대한 시험대에 오른 것 같다. 어리석은 실수도 했고 지혜롭게 난관을 극복하기도 했다. 낙관도 비관도 아무것도 할 수 없다. 재앙의 메시지에 귀 기울이며 스스로를 돌아보고 할 일을 찾아야 한다. 이 시대가 요구하는 것은 어쩌면 겸허함인지도 모르겠다.

우리는 코로나19 팬데믹으로 삶과 죽음에 대한 근본적인 질문을

하게 되었다. 전 세계 코로나19 누적 사망자 수는 무려 550만 명이
넘고 2022년 현재 계속 늘고 있다. 서울 인구 절반이 없어진 것과 같
은 숫자다. 사람 목숨이 파리 목숨처럼 어이없이 끝나고, 하룻밤 사
이 유명을 달리하는 것을 매일 목격했다. 봉쇄 조치로 격리가 되고,
언제 어떻게 될지 모르는 두려움이 코로나 블루를 겪게 했다. 광범위
한 우울증의 확산으로 인간이 외부 충격에 얼마나 약한지도 보게 되
었고, 삶과 죽음의 문제에 얼마나 무방비로 있었는지도 알게 되었다.

　봉쇄 조치, 자가 격리, 거리 두기, 재택근무 등의 조건은 사람을
홀로 있게 했다. 그래서인지 팬데믹 이후 명상 관련 검색도 최대치로
늘어났고, 명상 인구도 늘어났다. 사회 전반적으로 개인의 전문성 외
에도 위기관리 능력과 자기관리 능력이 없으면 살기 힘든 시대가 된
것 같다. 그래서 그 어느 시대보다 자기성찰과 명상에 대한 욕구가
높아졌다.

　◆ 공존의 가치

　리베카 솔닛은 "거대한 재난은 낡은 사회질서를 작동 불능으로
만든다. 인간은 패배자가 되는 대신 새로운 사회를 실현한다. 이것이
재난 유토피아다"라고 말했다.[23] 거대한 재난은 새로운 시대에 맞는
새로운 인간과 교육을 요구하고 있다. 세계경제포럼 회장인 클라우
스 슈밥 박사의 말처럼 리셋이 필요한 시대다.

다시 국경을 봉쇄하든 아니면 위드 코로나가 되든 이제 인간은 공존의 가치를 알고 함께 실천할 수 있어야 한다. 마스크를 잘 쓰는 것은 타인을 지켜주는 일인 동시에 나를 지키는 일이기도 했다. 사회적 거리를 지키는 것이 나와 남을 지키는 일이었다. 사회적 약자를 돕는 일은 나를 돕는 일이기도 했다. 우리는 한배를 타고 있기 때문이다. 나의 선실을 아무리 멋지게 꾸며 놓아도 배가 침몰하면 무슨 소용인가.

공존의 가치는 구호로 이루어지지 않는다. 서로 도와줄 수 없는 우리가 도와줄 수 있는 사람으로 바뀌어야 하고, 함께할 수 없는 우리가 함께 사는 법을 배워야 한다. 명상은 개인의 행복과 안녕을 위한 것이기도 하다. 더하여 나의 행복이 너의 행복과 다르지 않음을 알고, 나부터 달라지고, 함께 실천하는 것이 살아 있는 명상이다.

그러기 위해서는 각자의 편견과 고집이자 욕심인 각자의 마음 세계를 우선으로 버려야 한다. 인간의 어리석음이 화를 부른 예는 수없이 많다. 인간의 도덕성을 회복하고 지혜를 갖추려는 노력은 미룰 수 없는 인류 공동의 숙제다.

인공지능이 할 수 없고, 인공지능에 맡길 수 없는 인간의 영역은 분명히 있다. 그 어느 시대보다 인간의 정체성이 분명해야 하고, 인간의 자기 이해가 내밀하고 충실해야 하는 이유다. 명상 열풍이 일어나는 것도 어쩌면 시대적 요구일지도 모른다. 아직도 유일한 희망은 인간이다. 코로나19를 통해 이 점을 분명하게 알게 되었다.

♦ 4차 산업혁명의 핵심은 인간의 마음이다

1차 산업혁명은 철도 건설과 증기기관의 발명을 바탕으로 기계에 의한 생산을 이끌었다. 2차 산업혁명은 전기와 생산 조립 라인의 출현으로 대량생산을 가능하게 했다. 3차 산업혁명은 '컴퓨터 혁명' 혹은 '디지털 혁명'이라고도 말한다.

1~3차 산업혁명이 각기 독립적 기술혁명이라고 한다면 4차 산업혁명은 다양한 분야의 첨단기술이 융합된 형태로 나타나고 있다. 때문에 혁신은 이전의 어떤 기술혁명보다 파괴적이고 예측할 수 없는 형태로 나타날 것이고 이미 나타나고 있다. 중요한 것은 새로운 시대의 목적성과 방향성을 뚜렷이 하지 않으면 산업혁명 이후 겪어온 불평등과 인간성의 상실과 소외가 더욱 극대화될 수도 있다는 점이다.

1~3차 산업혁명으로 인간의 몸을 기계가 대신하게 되었다면, 4차 산업혁명은 인간의 뇌를 기계가 대신하는 것이다. 디지털 혁명을 기반으로 한 4차 산업혁명은 21세기의 시작과 동시에 출현했다. 화성 탐사, 우주 관광, 드론 개발 등 항공우주공학 분야에서는 이미 시작되었던 것이고, 지금은 그 확산 속도가 가늠이 안 될 정도로 빠르다.

클라우스 슈밥 박사는 '4차 산업혁명이 우리를 어디로 이끌 것이며, 우리는 어떻게 최선을 다해 준비해야 하는지'를 고민했다. 그리고 4차 산업혁명이 주는 기회가 강렬한 만큼 그것이 불러올 문제점

역시 벅차고 무겁다고 했다.

4차 산업혁명이 불평등과 혼란과 환경 파괴를 일으키거나, 인간의 가치를 떨어뜨리는 것은 누구도 원하지 않는다. 그래서 4차 산업혁명은 인간 중심의 가치가 기반이 되어야 한다. 4차 산업혁명으로 대변되는 첨단 기술혁명에 앞서 '왜?', '무엇을 위해?'라는 질문과 대답을 명확히 해야 하는 이유다. 지금보다 몇 배로 발달한 시대가 오더라도 마찬가지로 이것은 중요한 질문이어야 한다. 기술을 위한 기술이 아닌, 과학을 위한 과학이 아닌, 인간을 위한 혁명이어야 한다.

◆ 4차 산업혁명의 전제 조건

4차 산업혁명의 과정에서 발생할 문제들은 인간이 자초한 일일 것이다. 클라우스 슈밥 박사는 4차 산업혁명의 성공을 위한 네 가지 조건을 제시했다.[24]

첫째, 맥락지능이다. 개인의 신념과 이념을 뛰어넘어 총체적이고 유연해야 가능한 능력이다. 둘째, 정서지능이다. 여러 사람의 감정을 잘 모으는 능력으로 자기 감정을 넘어서야 가능한 일이다. 셋째, 영감지능이다. 의미와 목적에 관해 끊임없이 탐구해 공동 목표를 발전시키는 능력이다. 이는 마음을 버려 자기중심적인 의식을 벗어나면 저절로 생기는 능력이다. 넷째, 신체지능이다. 개인의 건강과 행복은 변화를 이끌기 위한 기본적인 능력이다. 4가지 중 어느 하나도 쉬운 것은 없지만, 마음의 문제가 먼저 해결되어야 가능하다는 점은 분명해 보인다.

《슈퍼 인텔리전스》의 저자 닉 보스트롬은 "인공지능이 기술적으로 성숙 단계에 도달하고 그때 가서 '인간이란 무엇인가?'라는 근원적인 문제와 마주하는 건 너무 늦다"라고 했다.[25]

4차 산업혁명 그리고 다가오는 새로운 시대의 성공을 위해서는 인간의 의식 개혁을 위한 노력이 병행되어야 한다. Z세대는 가상현실이 더 익숙한 세대다. 이 세대가 만들어낼 문화가 무엇인지도 알 수 없다. 그래서 무엇을 가르치고 알려줘야 할지도 알 수가 없다. 그러나 분명한 것은 그것이 무엇이든 교육을 통해 이루어질 수 있다는 것이다. 사람으로부터 시작되었으나, 사람의 본질로부터 떠나버린 긴 역사의 흐름은 반드시 사람으로 다시 돌아와야 한다.

이제는 인간의 몸과 뇌를 넘어서 마음에 관해 탐구해야 한다. 마음이 변화한다면 예측 불가능한 4차 산업혁명을 성공적으로 이끌어갈 수 있을 것이다. 나는 이러한 의식혁명, 곧 마음의 혁명은 교육을 통해 이루어져야 한다고 본다. 지금까지와 같이 지식을 쌓고 더하는 교육이 아니라, 물질문명으로부터 상실된 인간 본성을 회복하는 교육이 되어야 한다.

코세라 온라인 명상 수업

◆ 코세라 명상 강좌

코세라Coursera는 대규모 개방형 온라인 교육 강좌MOOC: Massive Open Online Course 플랫폼이다. 나는 2015년 12월부터 '인간완성을 위한 자기 돌아보기 공학적 구현Engineering Self Reflection for Human Completion'이라는 제목으로 강좌를 개설했다. 2018년에는 '명상, 내 인생의 목적을 이루는 방법Meditation: A way to achieve your goals in your life'으로 내용을 개편했고, 이 강좌에는 지금까지 25만여 명이 방문했으며, 10만여 명이 등록했다.

팬데믹의 상황을 실감했던 것은 코로나19 이후 수강생이 20배 가까이 급증했을 때였다. 처음엔 '전 세계 수많은 사람이 명상에 관심이 크구나'라고 생각했는데, 점점 증가하는 것을 보니 팬데믹 상황의 절실함이 더 와닿았다. 비대면 온라인 수업을 통해서라도 사람들은 마음 둘 곳을 찾고 있었다. "고통 속에서 절실한 도움이 필요할 때 치유의 방법을 공유해준 것에 감사한다"라는 내용의 메일도 많이 받았다.

강좌를 이수한 수강생들과 비록 온라인상이기는 하지만 줌을 통해 디스커션 포럼에서 만날 때면 참 반가웠다. 명상을 하고 한 주 한 주 지나면서 점점 밝아지는 얼굴을 볼 때마다 보람과 기쁨을 느끼기도 했다. 나 역시 코로나19로 인해 스웨덴, 독일 등 일 년에도 몇 차례 다니던 출장을 중단할 수밖에 없어, 팬데믹 동안 명상의 시간을 더욱 많이 갖게 되었다.

◆ 명상은 국경이 필요 없다

철학과 자기계발로 분류된 이 강좌의 수강생은 20대와 30대가 가장 많다. 18~24세 15%, 25~34세 40%, 35~44세 24%, 45~54세 12%, 55세 이상은 9%로 나타난다. 영어로 진행되는 강의여서 영어권 국가에서 가장 많이 수강한다. 미국이 가장 많고 캐나다, 영국, 인도 순으로 많다. 수강생 중에 간혹 해외에 거주하는 한국인 수강생이 등록할 때가 있다. 그분들은 이 명상이 한국에서 나온 명상이라는 것에 특히 놀라움과 반가움을 표했다.

6주간의 과정은 명상의 원리와 자기 돌아보기, 나와 세상에 대한 이해, 삶의 사진 떠올리기 실행으로 구성돼 있다. 강의에서는 영화 〈매트릭스〉의 이야기를 하기도 하고, 동서양의 철학과 심리학, 뇌과학에 관해서도 이야기했다. 특히 한국의 뇌과학자인 신희섭 박사와의 대화 영상은 수강생들의 큰 공감을 불러일으키기도 했다. 2주째부터는 다섯 가지 주제로 돌아보기를 시작했다. 누구나 갖고 있는 부와 사랑, 명예, 가족, 자존심과 관계된 마음을 돌아보는 것이었다. 수강생들은 "자기 돌아보기는 특히 가까운 사람들과의 관계를 객관적으로 볼 수 있게 해주었으며, 이렇게만 해도 문제의 실마리를 알 수 있었다"라고 강의평을 남겼다.

▷ ▷ 제가 성장하고 나아갈 수 있도록 도와준 정말 유용한 강좌였습니다. 이 강좌를 듣기 전에 갖고 있던 부정적인 마음들이 많이 줄어들었습니다. 저는 이제 제 문제의 뿌리가 무엇인지 알게 되었고, 이제 그것을 해결하기 더 쉬워졌습니다. 요즘 너무 행복하고 감사합니다. 저는 자기 돌아보기 여정을 지속하고 싶습니다. 상황이나 일상이 행복하고 좋은 순간에도요. (MYJ)

▷ ▷ 자기 돌아보기를 하고 저는 그 효과들을 느끼기 시작했습니다. 마음이 평온하고 불안한 생각이 없어졌습니다. 이 기분 좋은 감정들이 더욱 커집니다. 저는 이미 현재를 사는 차분하고 행복한 사람이 되었습니

다. 인생을 살면서 처음으로 행복합니다. (DAC)

수강생 중에는 심리학 분야에서 일하고 있는 사람이나 명상전문가도 포함돼 있었다. 또 미국의 경찰들도 명상을 하면 좋겠다는 의견을 주기도 했고, 초등학교 교사들이 학교에서 할 수 있는 방법은 없는지 문의해오기도 했다.

▷ ▷ 저는 미국 캘리포니아주에서 살고 있어요. 강의를 듣고 경찰관이 훈련을 받고 업무를 수행하는 데 명상이 일부분이 되어야 한다는 생각을 강하게 했습니다. 뉴스를 보면 왜 제가 이런 말을 하는지 아실 것입니다. 미국 경찰이 유색인종을 대할 때, 부정적이고 진실하지 못한 사진들이 머리에 많아 문제가 자주 생기고 있기 때문입니다. (MY)

▷ ▷ 모든 사람이 이 명상을 어떻게 하는지 들어야 하고, 그래서 각자의 삶에 책임을 져야 합니다. 이 명상을 널리 알려주세요. 저는 이렇게 효과적이고 간단한 방법을 한 번도 알지 못했습니다. 다른 명상을 몇 년 동안 해왔지만, 버리는 것에 대해 정말 이해하기가 힘들었어요. 하지만 이 명상을 통해 알게 되어, 제 인생에서 가장 행복한 나날을 보내고 있습니다. 생각해보세요. 많은 사람들이 이 방법으로 치유한다면 얼마나 멋질까요? 정말 세상이 바뀔 것 같습니다. 이 명상을 경험하신 분들께 정말 축하한다고 말씀드리고 싶어요. (BRI)

이런 피드백을 받을 때마다 새삼 놀라게 된다. 나에게는 명상이 생활이 되다 보니, 그 효과나 변화를 너무나 당연하게 생각했구나 하고 느꼈다. 온라인으로 몇 주간의 강좌를 듣고 이런 반응을 보낸다는 것만으로도 이 명상이 얼마나 명확하고 보편적인지 알 수 있었다.

수강생들의 호응을 볼 때마다 그들의 변화가 기쁘면서도 스스로 두 가지에 대해 돌아보게 된다. 첫 번째는 명상 방법을 안내 없이도 혼자서 할 수 있는 것으로 받아들이게 하는 건 아닌가 싶었다. 그렇게 하면 오히려 명상을 오래 지속하지 못하는 결과가 될 수 있다. 더 진전된 단계로 나아가지 못하고, 기본에서만 맴돌다가 그만두기가 쉽다. 그렇게 되면 오히려 명상을 해봤다는 사진만 더 찍게 되어, 시작을 안 하느니만 못한 결과가 나올까 봐 걱정된다. 코세라 온라인 강좌에서는 명상의 의미와 방법을 이해하도록 아주 기본적인 경험을 해본 것이다. 따라서 반드시 명상전문가의 안내를 받기를 권한다.

두 번째는 수강생들이 나에게 감사할 때 나를 돌아보게 된다. 이 강좌를 연 것은 그동안 명상을 해오면서 좋았던 것들을 나누고 명상의 중요성을 말하고자 하는 것일 뿐, 핵심은 명상 방법에 있다. 마음수련 명상에서 배운 극히 일부분을 전달했을 뿐이기에 내가 인사를 받을 일이 아니었다. 명상센터에서 제대로 안내받으면 더 좋을 텐데 하는 아쉬움이 많았다. 나 역시 계속 명상을 하는 입장이다 보니 마음을 버리는 방법이 있다는 것이 참 다행이고 고마울 따름이다.

♦ 내 나이 예순의 새로운 도전

누군가의 삶이 변화하는 것을 지켜보는 일은 그 자체로 희망을 준다. 코세라 강좌 덕에 나는 명상의 힘을 새삼 실감했을 뿐만 아니라, 사람들 한 명 한 명의 변화가 또 다른 사람에게 얼마나 큰 희망을 줄 수 있는지 확인할 수 있었다. 팬데믹을 겪고 있는 지금, 사람들은 이런 변화를 갈구하고 있다는 생각이 든다.

팬데믹으로 내 강좌뿐만 아니라, 코세라 플랫폼은 더욱 크게 성장했다. 대면 강좌가 어려워지면서 개인뿐만 아니라 기업과 공공기관에서도 소속원들의 교육을 온라인으로 진행하는 경우가 많아졌기 때문이다.

2012년에 설립된 코세라는 전 세계 대학 강의를 듣고 볼 수 있도록 제공하는 세계 최대 규모의 온라인 강좌다. 2020년 말 기준, 수강자는 7,700만 명이다. 존스홉킨스대, 스탠퍼드대, 예일대, 컬럼비아대, 런던대, 동경대, 상하이대 등 150여 개의 대학과 구글, 골드만삭스 등 기업들의 강의도 들을 수 있다. 학위 취득도 가능하다. 코세라는 인공지능 분야의 세계적인 석학 앤드류 응Andrew Ng 스탠퍼드대 교수와 다프네 콜러Daphne Koller 교수가 누구나 평생교육을 받을 수 있어야 한다는 취지로 설립했다.

카이스트가 코세라 플랫폼과 협약을 맺은 것은 2013년이었다. 학교 측에서 교수들에게 코세라 강좌 개설 신청 관련 공고를 했다.

융복합 과목을 우선으로 한다는 내용도 있었다. 카이스트 명상 수업은 공학과 명상을 접목한 융복합 강좌였다.

코세라 강의를 하면서 대만 신죽교육대학을 비롯하여, 외국의 여러 대학에서 초대를 받기도 했다. 스웨덴 왕립공과대학교, 독일 막스플랑크 연구소, 포르투갈 리스본대학교 등에서 관심을 보였다. 대개는 공과대학들이다. 공학 분야를 연구하는 이들과 마음에 관한 이야기를 나누는 것은 짧은 시간이었지만 즐겁고 보람된 일이었다.

그리고 가끔은 "공학자인데 어떻게 코세라 철학 강좌를 열었느냐"라는 질문도 받는다. 그럴 때는 명상을 했기 때문이라고 답한다. 코세라 플랫폼에 강좌를 기획하고 준비하고 실행할 수 있었던 것 자체가 명상을 한 뒤 변화된 내 모습이라는 것을 말하고 싶어서다.

예전의 나라면 하지 못했을 일이다. 익숙하게 해온 내 전문분야 외에 다른 분야를 계획한다는 것 자체가 엄두를 낼 수 있는 것이 아니었다. 카이스트 명상 수업의 경험은 있었지만, 코세라 강좌는 나에게는 전혀 다른 차원의 도전이었다. 그때 내 나이 예순이었다.

강좌 준비는 혼자서 할 수 있는 일은 아니었다. 명상 내용에 대해서는 관련 기관과 명상전문가의 양해와 협조를 구했다. 그리고 다시 각 분야의 전문가들과 함께해야 했고, 자문도 받아야 했다. 유창하다고는 할 수 없는 영어 실력이어서 자문을 받고 또 받았다. 내용을 만들고, 촬영을 추가하는 일은 카이스트의 제자들이 팔을 걷어붙이고 나서주었다.

강좌가 개설되기까지 인터뷰와 촬영, 편집 등등에서 정말 수많은 사람의 협조가 있었기에 가능했다. 강좌를 만들고 진행하며 함께한다는 것이 무엇인지 배우게 되었다. 세상의 모든 일은 내 능력으로 이루는 게 아니라, 함께할 때 더 잘할 수 있고 기쁨도 크다는 것도 알게 되었다. 함께한다는 건 이렇게 소중하고 아름다운 것이었다.

세상은 무서울 만큼 빠르게 변하고 있다. 혼자 사는 세상도 아니고 나만 똑똑하고 열심히 한다고 되는 시대도 아니다. 자기주장만 강하고 마음에 모난 것이 많으면 어울리지 못하고 화합하지 못한다. 팬데믹을 함께 겪으며, 지구촌에 사는 모든 사람은 같은 과제를 가지게 되었다.

지금 내가 만족한 삶을 산다고 해서 내일도 그럴지는 아무도 모른다. 미래는 불확실하다. 어떤 조건에서도 좌절하지 않고 걸림과 막힘이 없는 마음은 어떻게 가질 수 있을까. 어떻게 하면 그 모든 어려움 속에서도 행복을 찾고, 격변하는 이 시대에 어우러져 살 수 있을까.

자기 마음을 버릴 수 있다면, 경험하지 못한 새로운 시대에 대한 불안을 버릴 수 있다면, 유연하지 못한 사고와 내 것만 고집하는 마음을 버릴 수 있다면, 어떤 세상이 와도 자신 있을 것이다. 여기에 더해 서로 다른 경험까지 존중하고 공존할 수 있다면 최고의 시너지도 낼 수 있을 것이다. 이것이 융합이다.

소통과 공감과 공존의 가치가 그 어느 때보다 중요한 시대다. 자기를 돌아보고 마음을 비울 줄 아는 사람이 새로운 시대를 주도해나

갈 것이라 믿는다.

코세라 온라인 명상 수업이 궁금하다면, 코세라 홈페이지(www.coursera.org)에서 직접 강의를 들을 수 있다.

모든 것은
자기 돌아보기에서부터 시작된다

명상에 대한 글을 쓰다 보니 나를 자주 돌아볼 수밖에 없었다. 명상 방법이 있어서 다행이었다. 나처럼 아둔한 사람도 마음만 있으면 언제 어디서든 할 수 있었다. 나를 돌아보고 버릴 수 있다는 것이 얼마나 고마운 일인지 새삼 알게 되었다. 너무 쉽게 배워서 그 가치를 몰랐던 것 같다.

글쓰기는 어려웠다. 명상에 대한 글은 더욱 어려웠다. 한 줄의 글을 쓰기 위해 나를 돌아봐야 했고, 또 한 줄의 글을 쓰기 위해 카이스트 학생들과 그 시간들을 돌아봐야 했다. 나의 치부를 드러내려면 나를 버려야 했고, 초심을 잃지 않기 위해 노력해야 했다. 정말 도움이 되는 글을 쓰고 싶었지만 부족한 점이 많았다.

언제든지 흔쾌히 도움을 주신 분들, 그리고 수업을 도와준 동료 교수들에게 감사를 드린다. 그 당시 수업을 함께했던 학생들에게도 감사의 마음을 전한다. 또 오랜만의 연락에 반가워하고, 대학시절의 글을 신도록 허락해준 제자들에게도 감사하다. 오래전의 수업이 다시 세상 밖으로 나올 수 있게 원고를 끝까지 기다려주고 다듬어준 출판사 분들의 노고에도 정말 감사드린다. 책 한 권을 쓰는 데도 수많은 사람들의 도움과 격려가 있었다. 혼자 할 수 있는 일이 아무것도 없다는 것도 알게 된 소중한 시간이었다.

명상을 하면서 처음에는 마음이 버려지고 삶이 변화되어서 행복했다. 그러나 살다보면 항상 새로운 사람을 만나게 되고 원치 않는 사건도 일어나며 날마다 새로운 과제가 주어진다. 그때마다 나침반이 되어준 것이 마음수련 명상이었다. 나를 돌아볼 수가 있고 버릴 수가 있어서 고마웠다. 나는 조금씩 더 새로워지고 있었다. 명상을 했던 세월만큼 저력도 생겼다. 내가 노력하는 한 문제는 풀릴 것이라는 흔들리지 않는 믿음과 확신이 나를 지탱해주었다. 나의 삶에 난관은 있을지언정 좌절은 없게 되었다. 허황된 기대를 하지 않고 현실적이고 상식적인 삶을 살게 되었기 때문이다. 그래서 나는 지금도 명상을 하고 있고, 하나하나 배워가고 있다.

한 줄 한 줄 쓰면서 바라는 건 오직 하나였다. 누구라도 자기를 돌아보며 살았으면 좋겠다는 바람이었다. 자기만의 마음 세상을 다 버리면 인생이 얼마나 소중하고 존귀한 것인지 알게 된다. 자기 삶의 가치를 알게 되는 첫걸음은 자기를 돌아보는 것이다.

마지막으로 나를 나로부터 벗어나게 해주시고, 진정한 스승의 길로 이끌어주신 우명 스승님께 머리 숙여 깊은 감사를 드린다.

1부 │ 내 삶의 터닝 포인트가 된 카이스트 명상 수업

• 첫 번째 수업. 마음을 정의해본다면

1. 그림 출처 │ John D. Anderson Jr, Introduction to Flight, McGraw-Hill Book Company, 1989, pp. 340-360.

• 네 번째 수업. 내 삶을 바꿔놓은 마음-빼기 명상

2. 마음수련 명상 홈페이지 https://trueselfclass.com

• 여섯 번째 수업. 철학과 명상의 만남

3. Morley, E. J., Edward Young's Conjectures on Original Composition, Longman Green & Co, 1918.

4. 임마누엘 칸트 지음, 정명오 옮김, 《순수이성비판》, 동서문화사, 2016.

5. 아르투어 쇼펜하우어 지음, 홍성광 옮김, 《의지와 표상으로서의 세계》, 을유문화사, 2019.

6. 루트비히 비트겐슈타인 지음, 김양순 옮김, 《논리철학 논고/철학탐구/반철학적 단장》, 동서문화사, 2016.

7. Clark, A., "Whatever next? Predictive brains, situated agents, and the future of cognitive science", Behavioral and Brain Sciences, 36(3), 2013, pp. 181-204.

• 일곱 번째 수업. 뇌과학과 명상

8. Julie Tseng & Jordan Poppenk, "Brain, meta-state transitions demarcate thoughts across task contexts exposing the mental noise of trait

neuroticism", Nature Communications, 11(1), 2020.

9. Marvin Minsky, The Society of Mind, Simon & Schuster, 1988.

10. 백홍채, 〈뇌과학을 통해 본 마음수련 명상 방법〉, 전인교육/전인교육학회지, Vol.8, 2018, pp. 193-204.

11. Koch, Christof, "The Brain of Buddha", Scientific American Mind, July/August, 2013, pp. 28-31.

3부 | 명상의 과학적 효과

• 명상 효과 1. 행복

12. 탈 벤 샤하르(강의), 왕옌밍 엮음, 김정자 옮김, 《행복이란 무엇인가》, 느낌이있는책, 2014.

• 명상 효과 2. 뇌파 변화

13. Hanslmayr, S. Klimesch, W. Sauseng, P. Gruber, W. Doppelmayr, M. Freunberger, R. Pecherstorfer, T., "Visual discrimination performance is related to decreased alpha amplitude but increased phase locking", Neuroscience Letters, 375(1), 2005, pp. 64-68.

• 명상 효과 4. 인지오류 감소

14. 이상영 외, 《한국 국민의 건강행태와 정신적 습관(Mental Habits)의 현황과 정책대응》, 한국보건사회연구원, 2016.

• 명상 효과 5. 자기 이해와 성찰

15. 하워드 가드너 지음, 문용린, 유경재 옮김, 《다중지능》, 웅진지식하우스, 2007.

16. 황주연(박사학위 논문), 〈자기성찰 척도개발 및 자기관과 자기성찰, 안녕감 간의 경로모형 검증〉, 가톨릭대학교, 2011.

• 명상 효과 6. 자아존중감과 감사 성향

17. 그림 출처 | 유양경, 〈학교기반 마음수련 명상이 초등학생의 자아존중감 및 감사 성향에 미치는 효과〉, 아동교육/한국아동교육학회지, 25권 2호, 2016, pp. 87-118.

4부 | 명상이 필요한 순간

• 일상에서의 명상 프로그램

18. 5점 척도 진단도구: 장세진(2010) 사회심리적문항/ 연구진: 을지대학교의과대학 간호학과 최은희 교수

• 재난을 예방하고 극복하는 명상

19. 박희경 외 지음, 《재난과 사회적 책임-안심 사회를 향하여》, KAIST 재난학연구소, 2016, p. 66.

20. James T. Barker, "United States Army Aviation Safety", Invited Paper in Session (C-II) Affordability, 1st Asia/Australia Rotorcraft Forum & Exhibition, February, 2012.

21. McCutchen, B., "United States Army Aviation Accident Prevention", 헬리콥터 사고 현황분석과 예방 방안 세미나, KAIST, 2013.

22. EHEST, "EHEST Analysis of 2000-2005 European Helicopter Accidents", EHEST(The European Helicopter Safety Team) Final Report, 2010.

• 코로나19 팬데믹과 4차 산업혁명 시대의 명상

23. 리베카 솔닛 지음, 정해영 옮김, 《이 폐허를 응시하라》, 펜타그램, 2012.

24. 클라우스 슈밥 지음, 송경진 옮김, 《클라우스 슈밥의 제4차 산업혁명》, 메가스터디북스, 2016.

25. 닉 보스트롬 지음, 조성진 옮김, 《슈퍼 인텔리전스》, 까치, 2017.

카이스트 명상 수업

초판 1쇄 발행 2022년 1월 27일 **초판 7쇄 발행** 2024년 10월 10일

지은이 이덕주
펴낸이 최순영

출판1 본부장 한수미
와이즈 팀장 장보라
편집 선세영
디자인 함지현

펴낸곳 ㈜위즈덤하우스 **출판등록** 2000년 5월 23일 제13-1071호
주소 서울특별시 마포구 양화로 19 합정오피스빌딩 17층
전화 02) 2179-5600 **홈페이지** www.wisdomhouse.co.kr

ⓒ 이덕주, 2022

ISBN 979-11-6812-212-3 03190